Verlag: BoD · Books on Demand GmbH,
In de Tarpen 42, 22848 Norderstedt
Druck: Libri Plureos GmbH, Friedensallee 273,
22763 Hamburg
ISBN: 978-3-7693-1285-0

Die Geister, die ich nicht rief

Wahre Begebenheiten

von

Franziska S.A.

Ich glaube nicht, dass mit dem Tod alles aus ist.

Dieser wunderbare menschliche Körper,

dieses so unendlich komplizierte System,

unsere Seele, unsere Phantasie, unserer

Gedanken – alles nur für ein einmaliges kurzes

Erdenleben?

Nein, das glaube ich nicht.

Kein Schöpfer wäre so verschwenderisch.

Wir verlassen die Erde.

Aber wir kommen wieder.

(Heinz Rühmann)

Vorwort

Bis heute ist der Glaube an Geister und Dämonen in vielen Kulturen und Religionen immer noch sehr präsent.

Ob sie sich als Poltergeister, Wesen aus alten heidnischen Zeiten, die aufgrund negativer Lebensarten oder falschen Entscheidungen zeit ihres Lebens als Geister ihr Dasein fristen müssen bemerkbar machen oder als bereits verstorbene Familienmitglieder, die ihre Nachkommen durch ihre Anwesenheit schützen oder heimsuchen. Es gibt unzählige Berichte über Erfahrungen mit Geistern oder Dämonen. Ob sie tatsächlich existieren oder ob sie nur der eigenen Phantasie entspringen ist bis heute nicht eindeutig belegt oder widerlegt.

Die Wissenschaft erklärt diese Phänomene recht rational. Dabei werden unter anderem die Physik und die Forschung von Energien herangezogen.

Liest man diverse Artikel und Abhandlungen, erklingen sie sehr wahrscheinlich und nachvollziehbar. Logisch begründet und passend für alle Menschen die logisch denken und eher wissenschaftlich an sämtliche Geschehnisse in ihrem Leben herangehen. Für sie ist das angebliche Wahrnehmen von Seelen, Geistern und Dämonen Humbug und grundsätzlich erklärbar.

Daneben gibt es die Menschen die an solche Geistwesen glauben. So wie die Menschheit an Gott glaubt. Sie haben Gott nicht gesehen aber glauben an ihn. Und genau so glauben sie auch daran, dass es durchaus Geistwesen geben kann. Und die dritte Partei

der Menschen glaubt deshalb an Geistwesen aller Arten, weil sie selber Erfahrungen gemacht haben.
Aber was versteckt sich hinter all den mysteriösen Phänomenen?Experten sind sich nicht einig.

Sie entwickelten folgende Theorien:

Aus der Zeitschrift „*Fokus*":

Zitat Beginn: „Die „spiritistische Theorie":
Ihre Vertreter glauben, Spuk werde von unabhängigen Wesen verursacht. Meist handle es sich um Seelen Verstorbener, die noch auf Erden weilen. Eine Variante dieser Hypothese besagt, dass verselbständigte Teilseelen die Spukphänomene auslösen.

Es könnten aber auch „abgespaltene psychische Komplexe" Verstorbener sein, die sich halb intelligent, halb absichtslos verhielten, wie im Traum.

„Die esoterische Theorie:
Ihr zufolge können Gegenstände oder Gebäude „seelische Energie" aufnehmen und auf sensible Menschen übertragen. In einer 1939 in den „Proceedings of the Society for Psychical Research" veröffentlichten Arbeit äußerte der britische Philosoph Henry Habberly Price, der sich auch mit Parapsychologie befasste, emotionsgeladene seelische Eindrücke würden nicht in der Substanz von Gebäuden gespeichert, sondern in einem „psychischen Äther" zwischen Geist und Materie – also in einer Art Raum außerhalb unserer physikalischen Umwelt.

Die so gespeicherten Eindrücke könnten immer wieder wahrgenommen werden, was auch erkläre, dass sich viele Spukerscheinungen wiederholen.

„Die Spektrum-Theorie":
Diese Theorie entwickelte der Forscher William Roll von der Psychical Research Foundation in Durham (US-Staat) North Carolina. Ihr zufolge geht Spuk zwar auf gedächtnisähnliche Spuren in der stofflichen Umgebung zurück. Daneben würden aber auch viele Phänomene von der wahrnehmenden Person unbewusst selbst erzeugt, um emotionale Bedürfnisse zu befriedigen. Es gebe ein Spektrum mit den paranormalen Eindrücken auf der einen und den Bedürfnissen des Wahrnehmenden auf der anderen Seite. Die Trennung von Geist und Materie sei jedenfalls nicht so scharf wie angenommen.

„Die „psychogeographische Theorie":
Sie geht davon aus, dass die unheimliche Atmosphäre von sogenannten Spukhäusern und Spukschlössern sowie verfluchte Orte auf die Psyche der Besucher einwirke und somit deren Wahrnehmung verändere.
Die gewöhnliche Psychologe geht davon aus, dass viele Menschen unter Stress oder bei starker Angst eine rege Phantasie entwickeln und sich einbilden, Dinge zu sehen, die gar nicht existieren." (Zitat Ende)
In diesem Buch möchte ich eigene Erfahrungen und die innerhalb meiner Familie wiedergeben.

Ich versuche dabei so rational wie möglich zu bleiben. Allerdings gibt es Dinge im Leben welche man rational gar nicht erklären kann. Es gab und gibt viele Diskussionen innerhalb der Familie und auch mit Freunden. Liegt ein Trauma vor, ist man plötzlich psychotisch geworden oder leidet man an einer anderen Erkrankung der Seele wird aufgegriffen und versucht, mit dem Erlebten in Einklang zu bringen oder ansatzweise zu erklären. Dieses Buch bedeutet keine wissenschaftliche Abhandlung der Thematik.

Es soll u.a.ein Erfahrungsbericht werden mit eigenen Gedanken darüber hinaus. Dazu gehört auch ein Umriss unserer Lebensabschnitte, besonders das meiner Mutter. Denn seit dreieinhalb Jahren ist sie Opfer von Heimsuchungen verstorbener Seelen. Was sie genau erlebt hat und weiterhin erlebt sowie alle Versuche unsererseits diese Belastung von ihr abzuwenden, schreibe ich hier nieder. Sehen sie es auch als eigene Verarbeitung für mich oder auch sich selber an. Denn nichts ist schlimmer mit an zusehen wie ein geliebter Mensch leidet und niemand scheinbar helfen kann.

Beginnend werde ich mich mit ein paar Begrifflichkeiten beschäftigen die im Buch relevant sein werden.

Fast jeder Mensch hat irgendwann in seinem Leben ein „Trauma" erlebt. Nachfolgend gehe ich weiter kurz auf das Thema „Psychose" ein um im Anschluss über den Bereich der „Parapsychologie" und über unsere und der anderer Menschen Erfahrungen mit sogenannten

„Geistern, Seelen und Dämonen" zu berichten. Auch werde ich versuchen, Erklärungen im Bereich der Traumata für die Erlebnisse meiner Mutter insbesondere zu liefern.

Nachdem ich so viel über dieses Thema gelesen habe und dennoch offen bin für alles Paranormale kann ich mir sehr gut vorstellen, dass sich Erlebnisse beider Bereiche durchaus überschneiden und nur sehr schwer sind auseinander halten zu können. Meine Mutter erlebt seit etwa dreieinhalb Jahren Dinge die niemand erklären kann. Sie hat bereits als Kind erste Begegnungen gehabt aber nur wenig darüber gesprochen. Seit dem mein Vater vor dreieinhalb Jahren verstorben ist, geht es ihr richtig schlecht. Sind es Geister, Seelen aus dem Jenseits die sie besuchen und regelrecht malträtieren? Oder sind es verdrängte traumatische Geschichten die nun aufgebrochen sind und verarbeitet werden? Ist meine Mutter selber diejenige die mit starker Energie durch sich selber diese Geschehnisse hervorbringt? Oder sind es tatsächlich Dämonen die sich an ihr angehaftet haben?

Kapitel eins

Was ist ein Trauma?

Ein Trauma ist eine Belastung oder auch eine Erkrankung, deren Ursache durch heftige Erlebnisse hervorgerufen wird. Meist liegen dem schlimme Erlebnisse im Kindesalter zugrunde wie Misshandlungen, Missbrauch, Vernächlässigung und Gewalt. Diese werden verdrängt und kommen durch unterschiedliche Symptome später erst zum Vorschein. Es gibt allerdings Menschen die erst im Laufe ihres Erwachsenenlebens ein Trauma erleiden und kurz danach Symptome entwickeln. Solche Traumata werden unter anderem ausgelöst durch Naturkatastrophen, Krieg, Gewalt durch den Partner, Unfälle oder Todesfälle im engen Familienkreis. Dabei ist festzustellen, dass nicht nur Frauen von Traumata belastet werden sondern auch Männer. Die Gründe ergeben sich aus dem oben genannten Absatz. Bei Männern stehen an erster Stelle schwere Unfälle und Gewalt sowie Krieg. Man muss sich dafür nur Soldaten in der Vergangenheit sowie heute anschauen und anhören. Ihre Erlebnisse waren und sind immer noch schrecklich und nur schwer zu verarbeiten. Bei Frauen liegt der Fokus eher auf Gewalt in der Partnerschaft und Tod eines nahestehenden Angehörigen, besonders des eigenen Kindes. Während es heute viele unterschiedliche Therapiemaßnahmen und Anlaufstellen gibt suchte man in der Vergangenheit erfolglos nach Hilfe. Wir erinnern uns an Großväter die mit posttraumatischen Belastungssyndromen zurück kehrten.

Sehr viele Familien berichten über die plötzliche Alkoholsucht, die emotionalen Ausbrüche, die häusliche Gewalt gegenüber Frau und Kindern nach Rückkehr des Mannes aus dem Krieg.
Dazu kamen gesundheitliche Probleme durch Kriegsverletzungen diverser Arten. Der von außen traumatisierte Mensch brachte sein Trauma in die Familie und macht es damit auch zu ihrem eigenen Trauma.
Interessant sind die Abhandlungen über „Vererbung von Traumata in der Familie".
Im Internet kann man sehr viel darüber lesen und es existieren bereits etliche Bücher über dieses Thema.

Physische Beschwerden bei Trauma im Körper:
Einige der Symptome eines Traumas können nachfolgend genannte sein:

- Bauchschmerzen, Bauchkrämpfe
- Magen-Darm-Beschwerden
- Unruhe in den Beinen
- Schwere Beine
- Zittern in bestimmten Körperregionen
- Schnelle Atmung
- Flache Atmung
- Kopfschmerzen
- Müdigkeit

- Rückenschmerzen
- Herzrasen
- Hoher Blutdruck
- Migräne

psychische Beschwerden:

- Depressionen, Stimmungsschwankungen
- Dissoziationen
- Angst und Panikattacken
- plötzliche Luftnot
- suizidale Gedanken
- Vermeidungshaltung

Natürlich liegen auch andere Gründe für diese physischen Empfindungen vor. Wir haben alle oft genug z.B. Kopfschmerzen, Übelkeit erfahren. In der Regel sind wir aber nach einer Weile wieder wohlauf. Bei andauernden Problemen mit dem Herzen oder der Atmung stellt sich meistens ein organisches Problem dar welches mit Hilfe von Medikamenten in Griff zu bekommen ist. Bei einem Trauma jedoch treten diese Ausdrucksformen jedoch stark gehäuft und oft in Kombination mit mehreren Beschwerden auf. Medikamente dagegen helfen nur immer im Ansatz aber nicht dauerhaft.

Warum bleibt ein Trauma im Körper überhaupt?

Unser Körper ist nicht nur unsere äußere Hülle und ein Konstrukt aus Muskeln, Knochen, Sehnen, Bändern und Organen. Unser Körper hat neben den organischen Schmerzen auch noch andere Möglichkeiten, sich uns mitzuteilen. Doch nur die wenigsten Menschen konzentrieren sich auf das was ihr Körper ihnen mitteilen zu versucht.

Dies bedeutet, dass man sich die Mühe machen muss und sich Zeit zum Kennenlernen seines Körpers lässt. Besonders wenn es um psychische Belastungen und Traumata geht bedeutet das „sich hineinfühlen" in seinen Körper eine große Herausforderung.

Durch Traumareaktionen wie der Dissoziation spaltet sich der Körper vom Geist ab. Man kann es beschreiben als wäre man zweifach vorhanden. Manche Menschen spalten sich jedoch sehr wohl auch in mehreren Persönlichkeiten ab. Dissoziationen manifestieren sich allerdings fast immer durch Traumata und schützen vor der Belastung, die durch ein Trauma entstehen. Wird ein Trauma nicht verarbeitet, bleibt es nicht nur in den Köpfen der Betroffenen haften, sie können auch im Körper oder auch in verschiedenen Körperteilen „stecken" bleiben. Jedes Gefühl hat eine körperliche Reaktion. Bei traumatischen Erlebnissen sind wir emotional so sehr überlastet, sodass wir die Gefühle die das Ereignis in uns hervorgerufen hat nicht ertragen können und sie sich unverarbeitet in uns festsetzen.

Der Körper bleibt, wenn ihm kein Ausweg geboten

wird, in der Reaktion auf die traumatisierende Situation gefangen.

Ich selber habe ein Trauma als kleines Kind im Alter von etwa drei Jahren erlebt. Ich erinnere mich noch an den Abend im Kindergarten. Eine Spielkameradin und ich waren die noch letzten verbliebenen Kinder zum Abholen mit der Erzieherin im Gebäude. Mein Vater sollte mich gegen halb sieben an diesem Abend dort abholen. Plötzlich kam ein Mann in den Gruppenraum. Ich erinnere mich nicht an sein Aussehen. Ob er maskiert war oder ob er einfach so hereinkam ist nicht in mir gespeichert. Vielleicht habe ich ihn auch nicht wirklich gesehen. Erinnern kann ich mich nur noch, dass er mir eine Pistole an den Kopf hielt und zu der Erzieherin sagte:

„Mach was ich sage sonst sind die Kinder tot!"

Die Erzieherin wollte natürlich nicht, dass und etwas Böses widerfuhr und sperrte uns zur Sicherheit in eine kleine Kammer ohne Fenster. Dort wurden die Materialien für das Turnen aufbewahrt und ich sehe noch einen Ball vor meinen Augen. Aus Erzählungen weiß ich, dass dieser Mann unsere Erzieherin vergewaltigte und danach verschwand. Uns Kinder befreite sie sofort aus dieser Kammer. Kurz danach erschien mein Vater und rief sofort die Polizei.

Das war das letzte Mal, dass ich unsere Erzieherin sah.

Bis heute kann ich um mich herum keine Luftballons

ertragen. Das ist mein Trauma geblieben. Ich hasse alles was knallt oder knallen könnte. Luftballons, Silvesterraketen, Frühstücksbeutel die aufgeblasen und zum Platzen gebracht werden... Diese Geräusche assoziiere ich mit der Pistole an meinem Kopf obwohl nie ein Schuss los gefeuert wurde. Damals wurde einfach weitergemacht mit dem Tagesgeschehen. Eine Psychotherapie gab es nicht.

Ein zweites Trauma habe ich etwa um die selbe Zeit erlitten.
Dieses Mal waren meine Eltern und ich im Auto unterwegs als es zu einem Unfall kam. Uns fuhr jemand so böse ins Auto, dass meine Mutter mit dem Kopf durch die Windschutzscheibe flog. Im Krankenhaus musste sie an diversen Stellen im Gesicht genäht werden. Schlimm sah ihr rechtes Ohr aus welches zur Hälfte ab war. Nun war sie schwanger und damals konnten die Ärzte sie nicht in Narkose legen.
Also wurden alle ihre Wunden ohne Betäubungen genäht. Ich selber befand mich derweil in einem Bereitschaftszimmer eines Arztes in dem ein kleiner Fernseher lief. Es gab damals noch kein Farbfernseher und so sehe ich heute noch in schwarz und weiß ein Fußballspiel vor meinen Augen ablaufen. Das Weinen meiner Mutter aus dem Nebenraum vermischte sich mit den Geräuschen aus dem TV Gerät. *Tor* – Schreie und die Kommentare des Reporters sowie die beängstigende Umgebung für mich, ganz alleine im Raum, mein Vater bei meiner Mutter, haben dafür gesorgt, dass ich Fußball weder in echt noch im TV schauen mag.

Über das Auflösen eines Traumas gibt es im Internet sehr viel zu lesen. Es gibt etliche Methoden dafür. Ich allerdings würde immer und grundsätzlich erst einen Psychiater zu Rate ziehen um eine eindeutige Diagnose zu haben. Zum Auflösen eines Traumas ist es enorm wichtig, dass man die immer mit Hilfe von Experten versucht. Alleine kann man viel zu viel falsch machen. Die meisten Psychotherapeuten bieten diese in Einzel – und/oder Gruppentherapien an.

Kapitel zwei

Was ist eine Psychose?

Jeder kennt den Begriff „Psychose".

Die meisten verbinden damit harten Drogenmissbrauch, gewalttätige Ausbrüche und Verfolgungswahn. Menschen, die eine Psychose entwickeln, verlassen in dem Moment unsere Realität. Zu schwer wiegen ihre persönlichen Umstände, so dass ihre Seele danach ruft, nichts mehr mit der Sache zu tun haben zu müssen. Hier liegen meistens psychisch enorme emotionale Belastungen als Grund vor. Während einer Psychose verändert sich die gesamte Wahrnehmung des Körpers im körperlichen und im Besonderen im psychischen Bereich. Dies betrifft vornehmlich das Sehen, Hören, Riechen und Fühlen.

Während gesunde Menschen ganz normale Dinge

sehen, hören, riechen und fühlen – nämlich jeweils diese Dinge aus dem Alltag mit denen sie beschäftigt sind – sind Menschen mit einer Psychose sehr viel anfälliger für Dinge die ein gesunder Mensch nicht wahrnimmt. Normalerweise sprechen wir mit Menschen die vor uns stehen oder per Telefonat.

Wir riechen gute oder schlechte Gerüche weil wir neben diesen stehen oder weil die Mülltonne geleert werden müsste. Auch fühlen wir uns in der Regel nicht ständig wahnhaft verfolgt von irgendeinem oder irgendetwas, was uns das Leben erschweren oder sogar nehmen möchte.

Bei einem psychotischen Menschen dagegen sieht es vollkommen anders aus. Sie können nicht mehr unterscheiden was Realität ist und was nur durch ihre Erkrankung geschieht. Sie hören tatsächlich Stimmen die sich mit ihnen ganz normal unterhalten oder im schlimmsten Falle negativ agieren bis hin zu bösen Aufforderungen gegen sich selber oder anderen gegenüber. Sie riechen tatsächlich Feuer obwohl es nirgendwo brennt und haben das echte Gefühl, dass sie in Lebensgefahr sind. Also rufen sie um Hilfe und versuchen wegzulaufen.

Diese Menschen können zum Beispiel nicht mehr unterscheiden, ob sie die „Monika Müller, Sachbearbeiterin bei einer Versicherung" sind oder die „Monika Müller", die ganz bestimmt wichtige Informationen über irgendein neues, frei erdachtes Gebilde verfügen. Sie erhalten Botschaften aus dem All, dem Jenseits, von Gott persönlich und sind zu viel Höherem bestimmt als im normalen Leben.

Und ja, sie werden genau deshalb verfolgt. Deshalb dürfen sie nicht laut darüber sprechen sondern flüstern nur darüber wenn sie davon berichten. Ebenso gibt es Menschen mit einer Psychose die sich körperlich anders wahrnehmen. Es kann sein, dass sie behaupten sie hätten ein drittes Auge und nur sie könnten es sehen. Es hat schließlich seinen Grund warum nur *sie* dieses Auge haben. Das psychotische Erleben ist abhängig davon, was für innere Wünsche und Ängste ein Mensch hat oder in welcher Situation im realen Leben er sich befindet. Es kann ganz verschiedene Formen annehmen.

Man unterteilt aktuell unter positiven und negativen Symptomen:

positive Symptome sind:

- Wahnvorstellungen und Verfolgungswahn
- Halluzinationen
- veränderte Sinneswahrnehmungen beim Hören, Fühlen, Sehen
- Schmecken und Riechen
- bizarre Überzeugungen
- Denkstörungen

Sie hören Stimmen, fühlen sich verfolgt, kontrolliert oder bedroht. Die Konzentration ist stark herabgesetzt und sie haben Ängste.

negative Symptome sind:

Leistungsabfall, Konzentrationsstörungen, verminderte Lebensfreude,depressive Verstimmtheit, innere Unruhe, Rückzug (...)

Die Ursachen einer Psychose können organisch oder nicht organisch bedingt sein.

Organische bedingte Ursachen

Psychosen können aufgrund von organischen Krankheiten entstehen, zum Beispiel durch Infektionen, Schädelhirntrauma, Hirntumore, neurologische Erkrankungen, Hormonstörungen, schwerwiegende Stoffwechselerkrankungen, Drogenmissbrauch

Nicht organisch bedingte Psychosen

Bei den meisten Psychosen gibt es keine körperliche Ursache.

Mögliche Auslöser der nicht organisch bedingten Psychose sind: Genetische Veranlagung, Störung bzgl. der Neurotransmitter oder psychosoziale Faktoren.

Die häufigste nicht organische Psychose ist die Schizophrenie. Sie kann heute erfolgreich behandelt werden. Alle andere Arten der Psychose sind nicht dauerhaft heilbar aber mit Hilfe von Medikamenten gut in Griff zu bekommen.

Kapitel drei

Was ist Parapsychologie?

Die Parapsychologie (aus dem Griechischen →
„neben" und auch „Seelenheilkunde") versteht sich
selbst als eigenen wissenschaftlichen
Forschungsbereich, der angeblich jenseits des normalen
und wachen Bewusstseins liegende, psychische
Fähigkeiten untersucht welche das normale
Vorstellungsvermögen überschreiten sowie ein
mögliches Leben nach dem Tod. Die Wissenschaft der
Parapsychologie erforscht also Phänomene, Erlebnisse
und Verhaltensweisen. Sie versucht zu sichern oder zu
widerlegen was mit der heutigen physiologischen,
psychologischen und physikalischen Wissenschaft nicht
zu vereinen sind.
Max Dessoir (1867 – 1947) hat diese Begrifflichkeit im
Jahre 1889 zum ersten Mal eingeführt. Er wollte in
Erfahrung bringen, wie die Wahrnehmungen außerhalb
unserer bekannten Sinnesorgane wie Augen und Ohren,
dem Schmecken, Fühlen, Hören etc. - sprich
„außersinnliche Wahrnehmungen" - zu erklären
wären. Dazu gehörten eben auch das Hellsehen, und die
Telepathie. Ebenso erforschte er die sogenannte
„Parapsychophysik" mit der Frage einer derzeit
unerklärlichen, direkten und geistigen Wirkung des
Menschen auf körperliche Dinge (Psychokinese).
Weiterhin umfasst die Parapsychologie solche
Erscheinungen, die unter den Begriffen wie
Okkultismus und Spiritualismus bekannt sind.

Seit den 1946er Jahren werden die Gegenstände parapsychologischer Untersuchungen auch zusammenfassend als „Psi-Phänomene" bezeichnet.

Was sind paranormale Aktivitäten?

Gespenster, unerklärliche Schatten, Träume von bevorstehenden Unglücken oder Gegenständen, die sich wie von Geisterhand bewegen. Rund drei Viertel der Deutschen glauben, mindestens eines bereits erlebt zu haben. Die Dunkelziffer dürfte weit höher liegen.

Nicht jeder Mensch mit einer außergewöhnlichen Erfahrung berichtet darüber. Vielleicht aus Angst vor dem Erlebten oder aus Angst sich eventuell lächerlich zu machen. Oder sie sind – eigentlich – sehr realistisch und logisch denkend und finden auf alles eine ganz normale Antwort. Dann schieben sie solche Erlebnisse von sich und denken nicht weiter darüber nach.

Was ist denn aber mit all den Geschehnissen rund um unseren Globus *die man eben nicht erklären kann?* Die man nicht untersuchen kann und für die es keine gültige Erklärung gibt?

Wir alle wissen, dass wir nur cirka 20% unseres Gehirns effektiv nutzen. Was ist mit den übrigen 80%?

Ich stelle mir gerne vor, dass dort, genau da, ganz viele Möglichkeiten angelegt sind die einfach – scheinbar – brach liegen. Oder doch nicht? Ich kann nicht glauben, dass der Mensch ein so großes Gehirn hat nur um den Schädel mit einer Masse zu füllen, weil wir sonst nur einen Minikopf benötigen würden. Ich glaube, dass all unsere Antworten auf sämtliche Fragen in dieser Welt vielleicht dort ruhen und darauf warten, um eines Tages endlich richtig aktiviert zu werden.

Was hat es mit dem Hellsehen auf sich? Warum wissen manche Menschen etwas über einen anderen Menschen obwohl sich beide Seiten im Leben vorher und später nie gesehen haben? Warum können manche Menschen Kontakt zur spirituellen Welt aufnehmen? Warum können sie Dinge voraussagen? Sind sie so geboren worden? Oder haben sie es erlernt? Warum kann die Menschheit bedenkenlos über ihren Glauben an Gott sprechen obwohl noch niemals jemand Gott gesehen hat? Er ist unsichtbar. Er lebt oben im Himmel. Er hat uns Menschen erschaffen. Das ist der Glaube der christlichen, muslimischen, jüdischen und orthodoxen Religionen.

Aber warum trauen sich nur so wenige Menschen von ihren Erlebnissen mit der Geisterwelt und / oder Dämonen zu sprechen? Auch sie sind seit Menschengedenken unter uns und ebenfalls unsichtbar. Meistens zumindest. Vielleicht ist es tatsächlich die Angst vor dem Bösen. Mit Gott wird Gutes in Verbindung gebracht. Mit Geistern und Dämonen werden eher Ängste und Verderbnis geschürt. Der Poltergeist der im Haus Chaos stiftet, Geräusche und Stimmen die bedrohlich wirken. Man erzählt sich untereinander in den eigenen vier Wänden und bittet jeweils den anderen „bloß den Mund zu halten." Sonst lande man noch in der Klapse!"

Im Internet gibt es mittlerweile viele Foren und Gruppen, die sich mit genau diesen Themen befasst. Vielleicht liegt es an der Anonymität des Internets, dass

Menschen sich dort trauen zu berichten. Man muss nicht mehr zwingend so wie früher einen Namen angeben. Man kann tatsächlich anonym bleiben.

Viele Geschichten ähneln sich, etliche Geschichten sind jedoch so anders, da kann doch nicht eine hysterische oder psychisch kranke Persönlichkeit dahinter stecken, so merkwürdig ihre Erlebnisse auch sein mögen. Ich trete recht neutral an alle Geschichten heran und versuche immer als erstes zu eruieren, wo genau kann ich das Erlebnis einordnen? Ist es physikalisch zu erklären? Wissenschaftlich? Rational? Hat sich jemand die Geschichte nur ausgedacht? Auch das gibt es zuhauf. Und kann ich – für mich persönlich – nichts einordnen, dann *KANN* es übernatürlich sein oder eben nicht.

Kapitel vier

Wenden wir uns nun der Geschichte meiner Familie mütterlicherseits zu. Sie fragen sich vielleicht warum nicht der meines Vaters? Nun, da gibt es auch jede Menge an Traumata. Krieg, Gefangenschaft, Armut, frühkindliche Entwicklungsstörungen, Depressionen und Süchte. Aufgearbeitet ist auch hier in der Familie nie etwas. Ganz im Gegenteil. Es wurde viel verdrängt, nicht ausgesprochen und nach vorne geblickt. Mit allen Konsequenzen eben.

Ich fange mit meiner Uroma mütterlicherseits an.

Viel bekannt ist mir über sie selbe nicht. Ich weiß, dass sie Bulgarin war und jung geheiratet hatte. Sie bekam im Abstand von je zwei Jahren drei Töchter. Ob sie einen Beruf ausübte oder Hausfrau war ist mir unbekannt. Ich weiß nur, dass sie recht dörflich im Nordosten von Bulgarien lebten. Mein Uropa, ihr Ehemann, verstarb kurz nach der Geburt des dritten Kindes. Meine Uroma muss demnach ab diesem Zeitpunkt einer beruflichen Tätigkeit nachgegangen sein da sie die Kinder ernähren musste.

Es kam der Tag an dem in dieser Familie etwas geschah welches das erste Trauma sein sollte. Zumindest ist dies das erste bekannte Trauma im 20. Jahrhundert der Familie. Ob es vorherige gab und wenn ja, welche, blieb bis heute im Dunkeln.

An diesem verhängnisvollen Tag war meine Uroma außer Haus. Die Kinder waren alleine. Zumindest ist es so erzählt worden wobei ich mir Gedanken darum mache weshalb drei so kleine Kinder alleine im Haus waren. Oder ob meine Uroma nur kurz draußen am Haus war und dann zur Haustür herein kam, nur um Opfer eines brutalen Überfalls zu werden. Da sie Witwengeld bekam und Angst vor Diebstählen hatte, nähte sie Gelder stets in das Futter eines Mantels ein. Kaum betrat sie also an diesem Tag das Haus als sie auch schon überfallen wurde. Der Täter war sicherlich auf der Suche nach Wertgegenständen oder dem Witwengeld. Meine Uroma hatte kaum Zeit zu reagieren denn er enthauptete sie umgehend und ließ sie tot im Raum liegen. Scheinbar fand er nichts zum stehlen und floh.

Nun waren dort also drei kleine Mädchen die alles mit angesehen hatten. Und laut Erzählungen hausten sie ganze drei Tage neben der toten Mutter ehe eine Nachbarin alle fand.

Die Kinder wurden direkt aufgeteilt auf verschiedene Familienmitglieder. Das Baby kam zu einer Tante, das zweijährige Mädchen zum Vater der Mutter der zu diesem Zeitpunkt seine achtzig Jahre schon überschritten hatte, und die vierjährige Tochter (meine Oma) wurde zu einer entfernten Kousine gebracht. Warum diese Kinder getrennt aufwuchsen weiß ich nicht. Ich denke aber, dass die Umstände zu der Zeit keine andere Möglichkeiten boten.

Da beide Schwestern meiner Oma als junge Frauen das Land Richtung Australien und Israel verlassen hatten, weiß ich nicht wie ihr Leben bis dahin verlaufen war. Ob sie es gut hatten bei der jeweils anderen Familie oder ob auch sie zu hadern hatten. Ich weiß nur von meiner Oma, dass sie im Haushalt der Kousine ihrer Mutter nicht gut behandelt wurde. Sie musste ab Kindesalter an schwere Arbeiten verrichten und das Vieh hüten. Sie wurde geschlagen und bestraft. Liebe hat sie keine erfahren. Als sie vierzehn Jahre alt war, besuchte ein Onkel aus der Hauptstadt sie und nahm sie kurz entschlossen mit zu sich und seiner Frau.

Das war der Beginn eines neuen Lebens.

Sie besuchte weiterhin die Schule, lernte fleißig und machte ihre Matura. Danach begann sie mit dem Medizinstudium. Während des Studiums begann sie, sich bei den Partisanen zu engagieren. Auf diese Geschichte gehe ich nicht weiter ein da sie viel zu komplex ist und eher in eine Familienchronik gehört. Tatsache ist nur, dass sie schlussendlich meinen Großvater kennenlernte. Auch er war Sympathisant der Partisanen und geboren in Serbien. Allerdings war er auf Grund seiner politischen Aktivitäten aus Serbien geflüchtet und nach Bulgarien übergesiedelt.

Meine Großeltern bekamen im Laufe der Jahre erst zwei Söhne, dann meine Tante und im Anschluss, als Überraschung, folgte meine Mutter. Diese Überraschung erschien keine sonderlich Gute gewesen zu sein. Denn kaum war meine Mutter als Frühchen im siebten Schwangerschaftsmonat geboren, stopfte meine Oma das Baby in den Wäscheschrank und stapelte Bettlaken auf das Baby. Zum Glück sah es die Schwester meiner Mutter und rief den Vater dazu. Meiner Oma tat diese Angelegenheit ihr Leben lang furchtbar leid. Nur hat sie kaum darüber gesprochen. Dieses Thema war quasi ein Tabu.

Als meine Mutter in etwa zwei Jahre alt war, starb der Vater an einer Lungenentzündung. Sie selber kann sich nicht mehr gut an ihn erinnern und was nun folgt ist die Erzählung ihres ältesten Bruders der zu dem Zeitpunkt cirka zehn Jahre alt gewesen war.

„Als Papa auf dem Diwan in der Küche lag und sehr krank war, sah ich plötzlich drei alte Frauen am Kopfende stehen. Sie sprachen ruhig miteinander und überlegten offensichtlich ob sie Papa hierlassen oder mit sich nehmen sollten. Eine der Frauen sagte, dass man ihn nicht mitnehmen könnte. Da wäre noch das

kleinste Kind und die Familie bräuchten Papa noch.
Eine andere der Frauen – sie schien etwas älter zu sein
als die anderen – dagegen meinte, dass sie ihn
mitnehmen müssten.
Er könne nicht mehr auf Erden bleiben."

Meiner Oma und seinen Geschwistern hat er es nie
erzählt. Dieses Sehen der drei Frauen hat er meiner
Mutter erst im frühen Erwachsenenalter berichtet. Bis
zum Ende seines Lebens war er von den Geschehnissen
überzeugt. Nie ist er von seiner Geschichte
abgewichen. Sie blieb immer genau die selbe. Es
erübrigt sich fast zu sagen, dass mein Opa natürlich
mitgenommen wurde, wohin auch immer.
Ein paar Jahre später, meine Oma war bereits in zweiter
Ehe verheiratet und meine Mutter seit dem vierzehnten
Lebensjahr im Internat, geschah erneut etwas
Merkwürdiges.
Meine Mutter war zu Besuch im Elternhaus, alleine, als
es an der Tür klopfte. Als sie öffnete, stand vor ihr eine
Frau. Früher sagte man noch *Zigeunerin*. Diese Dame
sagte meiner Mutter, dass sie ihr etwas sagen müsste.
Ob sie etwas Brot bekommen könnte. Also gab meine
Mutter ihr Brot und die Dame gab meiner Mutter die
Information, dass es einen Todesfall in der Familie
geben würde und dass der Bruder nicht weiterleben
wird. Das war natürlich eine unschöne Prophezeiung.
Aber leider stellte sich diese als wahr heraus.
Richtig war, dass der zweitälteste Bruder im
Krankenhaus lag. Etwas stimmt nicht mit seinem Kopf.

Nachdem er nach Hause entlassen wurde lag er fast nur im Bett und schrie häufig vor Kopfschmerzen. Dies bekam meine Mutter in der einen Woche die er daheim verbrachte nicht mit da sie im Internat lebte. Aber sie erfuhr von ihren Geschwistern, dass der kranke Bruder oft vor Schmerzen schrie und ihm niemand wirklich helfen konnte. Und letztendlich verstarb er. Ob er einen Tumor hatte oder ob es eine Meningitis gewesen war fand man nie heraus.

Meine Mutter war über diese Nachricht so geschockt, dass sie am Tag der Beerdigung am Grab so sehr lachte bis sie sich eingenässt hatte. Natürlich wurde sie ausgeschimpft. Aber sicherlich war es ihre unbewusste Art mit diesem Schock umgehen zu können.

Diese *Zigeunerin* war eindeutig eine der wenigen Menschen in dieser Welt, die tatsächlich wahrsagen konnte und auch einer Familie dringend etwas sagen musste.

Wahrsagung

Ist die Kunst oder Praxis, die darauf abzielt, zukünftige Ereignisse vorherzusehen oder vorherzusagen oder verborgenes Wissen zu entdecken, normalerweise durch die Interpretation von Omen oder mit Hilfe übernatürlicher Kräfte.

Meine Mutter ist im Jahre 1965 aus Bulgarien nach Deutschland gekommen, hat hier unseren Vater kennengelernt und geheiratet und uns Töchter

bekommen. Ich erinnere mich nicht, dass sie uns von irgendwelchen seltsamen Dingen berichtet hatte.
Das einzige worüber sie berichtete waren Träume die sie hatte. So wie man sich eben besondere Träume ab und zu berichtet.
Diese Träume waren immer sehr realistisch. Meist handelten sie von Familienmitgliedern oder Ortschaften mit besonderen Traumgeschehnissen. Das einzige was wirklich merkwürdig war, für meine Mutter so wie für uns Kinder, dass sie genau wusste wie ihr Schutzengel aussah. Bis heute nimmt sie ihn öfters war. Es sei eine große Dame mit wunderschönem Aussehen und blonden, glatten, langen Haaren und blauen Augen.
Die Gestalt tauche immer wieder mal auf ohne dass meine Mutter an sie denke. Mal stünde sie in einer Menschenmenge beim Einkaufen, mal neben ihr, mal gehe sie vor ihr her. Aber niemals spräche diese Gestalt.
Meine Mutter berichtet bis heute darüber und sagt:
„Sie ist einfach da, schaut zu mir und sie lächelt nur."

Wer außer einem Schutzengel könnte sie sonst gewesen sein?

Schutzengel
Nach christlicher Tradition hat jeder von uns einen Schutzengel, der uns von Geburt an bis zu unserem Tod begleitet und in jedem Moment des Lebens an unserer Seite bleibt.

Selbst mein Vater hatte ein Mal ein Erlebnis. Ich glaube, dass er vorher und auch nachher nie wieder etwas Eigenartiges erlebt hatte.

Er erzählte, dass er an einem Morgen gegen halb sieben im Flur des Hauses auf der unteren Stufe saß um seine Schuhe zu zu binden. Plötzlich sah er Licht aus dem Gäste – WC scheinen. Was er dann sah hat ihn wirklich zutiefst geschockt. Er berichtete Folgendes:

„Ich schaue in die Richtung und sehe die Türe offen stehen und das Licht ist an. Am Waschbecken steht mein Vater und rasiert sich im Gesicht."

Zu der Zeit lebte mein Opa noch meiner Oma in der gemeinsamen Wohnung in Duisburg. Mein Vater war so fertig mit der Welt, dass er von seiner Arbeit aus seine Eltern anrief und seinem Vater davon berichtet hatte. Es stellte sich heraus, dass mein Opa scheinbar um diese Zeit bei sich im Bad stand und sich rasierte. Wahrscheinlich haben beide, er und mein Vater, unabhängig voneinander kurz aneinander gedacht gehabt. Nur so können wir uns diese Begebenheit erklären. Wenn man sich mit der Telepathie auseinander setzt, wäre es eine Erklärung.

Telepathie: Zitat aus „Quetico" Anfang:
„   Definition   der   Telepathie   als   Mittel   der
Kommunikation
Eine wissenschaftlich fundierte Erklärung für die
wortlose Kommunikation mittels Gedankenkraft gibt es

bis heute nicht, dennoch haben etliche Menschen Erfahrungen mit dem Gedankenaustausch auf übersinnlicher Ebene gemacht. Was ist Telepathie genau? Telepathie ist Gedankenübertragung, und Übermittlung von Stimmungen, Eindrücken und Ideen ohne Einsatz der irdischen Sinne durch übersinnliches Senden und Empfangen. Eine Erscheinung, die es ermöglicht, mit Menschen an jedem Ort der Welt über Gedankenkraft in Verbindung zu treten. Das Gedankenlesen ist beispielsweise eine Form der Telepathie." (Zitat Ende „Questico")

Viele Menschen kennen dieses Symptom selber.

Man denkt gerade an jemanden bestimmtes und plötzlich wird man von dieser Person angerufen. Oder man hat beim Einkaufen ein Produkt vergessen und der Partner kommt mit genau diesem nach Hause. Natürlich könnte man über den Zufall hier sprechen. Aber nicht immer ist es eben ein solcher.

Ich stelle immer wieder fest, dass meine Schwester und ich unbewusst sehr ähnlich gekleidet irgendwo gemeinsam auftauchen. Es gibt keinerlei Absprache im Vorfeld. Ich schelle bei ihr und sie öffnet mir im exakt dem selben Kleid wie ich es gerade anhabe. Niemand von uns hat der anderen überhaupt vom Kauf eines solchen Kleides berichtet. Oder wir haben die selbe Farbkombination von Hose und Oberteil an.

Manchmal denken wir wie könnten siamesische Zwillinge sein, mit drei Jahren Altersunterschied. Ist es eventuell eine Art telepathische Verbindung oder doch auch nur Zufall?

Kapitel fünf

Meine Schwester und ich selber haben auch unserer eigenen Erfahrungen bereits gemacht. Darüber tauschen wir uns oft aus und versuchen eine Logik hinter all dem zu finden. Wir diskutieren Erklärungsansätze die uns jedoch nicht immer überzeugen können.

Mittlerweile ist es so, dass wir erkannt haben: meine Schwester spürt und hört Dinge. Es gibt unzählige Erlebnisse von ihr zu berichten aber ich kann sie nicht alle im Einzelnen aufführen.

Ein Beispiel wäre, dass sie vor vielen vielen Jahren mit meiner Mutter gemeinsam einen Urlaub in der Dominikanischen Republik gemacht hatte. Damals hatte sie sich nicht mit dem Übersinnlichen befasst.

Sie erzählte bei ihrer Rückkehr, dass sie eines Nachts tief und fest geschlafen habe als sie plötzlich wach gemacht wurde. Sie lag im Bett, stocksteif, nicht in der Lage sich zu bewegen. Und sie spürt wie etwas sie fest umklammert hielt. Auch spürte sie deutlich, als läge ein Körper auf ihr. Es war ihr nicht möglich aufzustehen oder etwas zu sagen. Plötzlich hatte sie das Gefühl, dass sich Finger um ihren Hals legten zu zudrückten. Als wolle jemand sie erwürgen.

Meine Schwester bekam fürchterliche Panik und kämpfte innerlich dagegen an. Ganz plötzlich wich dieses Etwas von ihr und sie war wieder frei.

Ihre Angst konnte ich nachvollziehen. Etwas ähnliches hatte ich als Jugendliche im Elternhaus auch erlebt.

Ich lag damals an einem Wochenende noch im Bett.

Es war ein freier Tag, wahrscheinlich in den Ferien oder an einem Wochenende, denn ich schlief länger als sonst. Plötzlich wurde ich mit einem Ruck wach und konnte mich ebenfalls nicht bewegen. Ich spürte einen Druck auf meinem Brustkorb und ich hatte durchweg den Gedanken, dass ich ganz dringend meinen Vater wecken müsste. Plötzlich konnte ich mich wieder bewegen und lief ins Schlafzimmer meiner Eltern wo ich meinen Vater aufweckte. Ihm ging es gut soweit.

Ich muss dazu sagen, dass mein Vater immer schon ein nicht ganz so kräftiges Herz hatte und schon jung kleiner Angina pectoris – Anfälle hatte. Es geschah mehrfach, dass ich als junge Jugendliche den Notarzt rufen musste weil mein Vater irgendwo im Haus kollabiert war. Irgendwann später in Leben erhielt er Stents und diese Anfälle waren weg. Vielleicht wollte irgendwer mich darauf aufmerksam machen, dass mein Vater an diesem Morgen einen solchen Anfall haben könnte? War das Erlebnis meiner Schwester eine Schlafparalyse? Gut möglich.

Schlafparalyse:

Eine Schlafparalyse ist eine vorübergehende Lähmung, die den normalen Prozess beim Einschlafen oder Aufwachen unterbricht.

Das Phänomen wird deshalb wissenschaftlich als Schlafstörung eingeordnet. Unser Schlaf läuft in verschiedenen Phasen ab, die ineinander übergehen und einen Zyklus bilden, der sich pro Nacht vier- bis fünfmal wiederholt: Vom Wachzustand gleiten wir in den Schlaf, die Muskeln entspannen sich, wir sinken in den Tiefschlaf und schließlich in den REM-Schlaf, in dem das Gehirn die Erlebnisse des Tages verarbeitet. In dieser Phase tritt die Schlaflähmung auf. Der Körper, mit Ausnahme der Atmung, ist in dieser Schlafphase gelähmt, andernfalls würde man die Bewegungen der Träume aktiv ausführen und vielleicht aus dem Bett fallen. Schlafparalyse-Symptome sind ein erstarrter Körper, die typische Unbeweglichkeit, ein Sprechen ist nicht möglich aber die Gedanken sind klar. Man erlebt Halluzinationen und hat Sinnestäuschungen. Der Druck auf der Brust gibt einem das Gefühl es läge jemand auf einem drauf. Dadurch erfolgt das Problem mit dem schweren Atmen und man bekommt Angst vor dem Ersticken.

Rund 8% der Menschen hatten schon einmal in ihrem Leben eine Schlafparalyse. Frauen sind davon etwas häufiger betroffen als Männer.

Das letzte Erlebnis meiner Schwester ist noch gar nicht so lange her. Erneut war sie im Urlaub, dieses Mal jedoch mit ihrer eigenen Familie. Auch jetzt lag sie am Abend im Bett. Wieder bemerkte sie etwas seltsames. Sie spürte wie jemand neben ihrem Bett stand und sie hörte dazu ein leises ratschen, trappeln. Genau erklären konnte sie das Geräusch nicht eindeutig.

Am Morgen wollte sie ihre FlipFlops anziehen die direkt neben ihrem Bett standen. Und genau da hörte sie dieses Geräusch aus der Nacht wieder: das Anziehen der Latschen und das damit Umhergehen. Sie war sich zu hundert Prozent sicher, dass irgendwer in dieser Nacht ihre Latschen benutzt hatte.

Da sie mit dem Rücken zum offenen Raum hin lag und sich nicht getraut hatte sich umzudrehen, hatte sie auch nichts sehen können.

Ein paar Nächte später lag sie wieder im Bett. Es war später Abend, und draußen fand ein Wetterleuchten statt. Kein Gewitter sondern nur ein ständiges Blitzen. Auch jetzt lag sie auf der Seite mit Blick zum Fenster hin. Plötzlich konnte sie sich nicht bewegen und sah nur aus den Augenwinkeln eine Gestalt die sich hinter ihr befand und sich plötzlich über sie beugte.

Die Gestalt war ein Junge mit dunklem Haar und bloßem Oberkörper. Er schaute sie an und plötzlich bildete sich aus diesem Jungen ein erwachsener Mann mit schwarzen, sogenannten, Rastalocken.

Ein afrikanisch aussehender Mann mit kleinen bunten und runden Klämmerchen in den einzelnen Rastazöpfen. Er sprach nicht, sah meine Schwester auch nicht an sondern hantierte hinter ihrem Rücken mit irgendwelchen Utensilien. Sie spürte, dass er irgendwelche Kräuter oder ähnliche Sachen vermischte, sie besprach und anscheinend ein Ritual am vorbereiten war. Plötzlich erhob er sich und malte meiner Schwester mit irgendetwas ein Zeichen auf die Stirn. Danach verschwand er und sie konnte sich wieder bewegen. In dem Moment wo er verschwand empfand meine Schwester eine tiefe und unerklärliche Trauer von Verlust. Genauer kann sie es nicht erläutern. Es war einfach das innerste Gefühl von einem Verlust.

Was mich angeht so habe ich Etliches wirklich gesehen. Auch hier kann ich bei aller Liebe nicht alles aufschreiben denn das würde den Rahmen sprengen. Ich schreibe einfach die prägnantesten Geschehnisse auf.

Als Jugendliche war ich an einem Nachmittag alleine im Elternhaus. Meine Eltern waren arbeiten und meine Schwester war mit Freunden unterwegs. Ich saß derweil im Wohnzimmer auf der Couch und las in einem Buch. Plötzlich erhielt ich einen recht heftigen und schmerzhaften Schlag gegen meinen rechten Oberarm. So heftig, dass mir das Buch aus den Händen flog. Richtig erschrocken schaute ich erst dem Buch hinterher und dann danach wer mich geschlagen hatte. Da war aber niemand. Weder sah noch hörte ich etwas. Vor lauter Angst sprang ich auf und setzte sich mich im Wohnzimmer hinter dem großen Benjamini – Baum der in einer Ecke stand. Ich verließ dieses „Versteck" erst als meine Schwester wieder kam. Erzählt hatte ich ihr jedoch nichts davon. Damals war mir nicht bewusst, dass sie auch komische Dinge erlebte.

Das nächste große Erlebnis hatte ich als ich mit meinem heutigen Ehemann nachts in meiner damaligen Wohnung die Nacht verbrachte. Mitten in der Nacht wurde ich ganz plötzlich aus dem Schlaf gerissen und sah direkt an meinem Bett ein Mädchen stehen. Statt mich zu ängstigen setzte ich mich auf und fragte:
„Was ist los?"
Dieses Mädchen war kaum älter als sechs oder sieben Jahre alt und hatte dunkle Haare die glatt und kinnlang

waren. Sie trug etwas weites weißes, ähnlich einem viel zu großem T – Shirt mit kurzen Armen. Sie sah mich einfach nur an und drehte sich plötzlich um. Sie lief langsam los und ich sprang auf um ihr zu folgen. Sie ging durch das Schlafzimmer hindurch, in den Flur und von dort aus in mein damaliges Arbeitszimmer. Dort verschwand sie plötzlich.

Komplett verwirrt stand ich dort und wusste nicht was ich machen sollte. Also ging ich zurück in mein Bett und schlief kurz danach wohl ein. Bis heute sehe ich dieses Kind vor meinem geistigen Auge.

Kurz nach diesem Erlebnis hatte ich einen positiven Schwangerschaftstest in der Hand und aus dem Arbeitszimmer wurde ein Kinderzimmer.

Ich habe über diese Sache lange nachgedacht und bin zu dem Entschluss gekommen, dass dies die Seele meines Kindes gewesen sein muss welches ich in einer früheren Schwangerschaft in einem sehr frühen Stadium verloren hatte.

Was mich darin bestärkt ist, dass sowohl meine große Tochter als auch meine jüngere Tochter früher jeweils unabhängig davon berichtet haben, dass sie öfters an ihrem Bett ein Mädchen haben stehen sehen. Im Alter immer unterschiedlich, bis hin zum Alter einer Jugendlichen.

Ich persönlich ordne diese Sichtungen als Schutzengel ein. Dieses Kind hat niemals das Licht der Welt erblickt aber ist dennoch tief in mir drinnen mit Liebe umfangen. So ist sie also immer wieder einmal um uns herum und schaut nach uns. Anders kann ich mir ihr

Erscheinen nicht erklären. Keine Wissenschaft ist bisher in der Lage solche Geschehnisse zu erklären. Natürlich könnte man dahinter ein Trauma vermuten. Ein Kind, das nie zur Welt kommen konnte und ein Leiden meinerseits. Das Kompensieren durch meine Kinder die leben, die Trauer um den Verlust. Dem ist aber nicht so.

Dass ich diese Fehlgeburt hatte, war gänzlich aus meinem Kopf gestrichen bis zu dem Tag, als wir dieses Thema während meiner Ausbildung behandelten. Da war mein älteres Kind bereits zwei Jahre alt. Es könnte natürlich so tief unbewusst gearbeitet haben. Nur wer kann auch dies hundert Prozent beweisen? Und weshalb konnten meine Kinder die Gestalt mehrfach sehen wenn sie zu dem Zeitpunkt noch gar nicht wussten, dass es vor ihnen bereits eine Schwangerschaft gab? Beide Kinder gaben jeweils unabhängig voneinander an, dass an ihrem Bett ein Mädchen stand. Immer wieder mal in größeren Abständen und auch nie immer im selben Alter. Mal war es ein Kind, mal ein junges Mädchen und ein Mal sogar eine ganz junge Frau. Besonders unsere ältere Tochter rannte jedes mal schreiend n unser Zimmer und verbrachte die restliche Nacht bei uns im Bett.

Hier auch ein ähnliches Beispiel von jemand aus einem Forum:

„Einen schönen guten Abend,

möchte gerne mal ein paar Erlebnisse die ich/wir in letzter Zeit hatten mit euch teilen. Vor 3 Tagen, haben mein Mann und ich wie jeden Abend mit unseren 2 Jährigen Zwillingsmädels im Esszimmer zu Abend gegessen. Eine der beiden hat auf ihre Gabel Nudeln gemacht und sie in Richtung einer Ecke gehalten und "da" gesagt. Da wurde mir schon etwas komisch.

Noch etwas komischer wurde mir als die andere 2-3 min. später das gleiche gemacht hat.

Vor ca. 6 Wochen wurde ich nachts wach, neben meinem Bett steht ein Nachttisch und ich schlafe fast immer mit dem Gesicht zum Nachttisch. Wie gesagt wurde wach und schaute Richtung Nachttisch, da sah ich ein kleines Mädchen schätze so 3 Jahre das an der Wand stand und am Nachttich vorbei, sich vorbeugte und mich anschaute.

Dazu haben wir im Kinderzimmer eine Kamera mit Ton um die beiden Nachts im Augen zu haben. Dort hören wir immer wieder Schritte etc. sowie auch im Raum zwischen Kinder- und Schlafzimmer. In diesem Raum haben wir eine kleine Lampe mit Bewegungsmelder, dieser geht hin und wieder Nachts auch mal an. Da denke ich aber eher an einen Technischen Macken.

Nun habe ich darüber schon mit meiner Freundin darüber gesprochen. Sie ist voll und ganz davon überzeugt dass es evtl. das Kind sein könnte was ich leider durch eine Fehlgeburt verloren habe. Ein komischer Zufall ist auch. Das meine Zwillingsmädels den selben ET nur genau 1 Jahr davor hatten wie das Kind, dass ich verloren habe.

Sind alles irgendwie komische Ereignisse und Zufälle.

Würde mich über eure Meinungen freuen.

Einen schönen Abend noch".

Kapitel sechs

Mitbewohner

Im Jahre 2005 zogen mein Mann, unsere damals 3 jährige Tochter und ich, schwanger mit dem zweiten Kind, in unser jetziges Haus. Dieses Haus gehörte ursprünglich den Großeltern meines Mannes. Es ist ein altes Siedlungshaus aus den 50er Jahren und es wurde vom Großvater mit Hilfe von anderen Aussiedlern aus Schlesien erbaut.

Wir zogen also dort ein und renovierten zuerst nur das Erdgeschoss. Die obere Etage war zu diesem Zeit noch vermietet und uns reichte erst einmal die untere Etage. Zuerst passierte nicht so viel. Bis auf dass unser TV Gerät öfters mal während wir am schauen waren plötzlich von alleine seine Lautstärke extrem hochfuhr. Dies passierte auch schon in der vorherigen Wohnung mehrfach. Eine eindeutige Erklärung fanden wir nicht. Aber ich dachte, dass die Erklärungen logischer Natur durch meinen Mann schon stimmen würden.

Als wir etwa eineinhalb oder zwei Jahre später auch die oberen Räume beziehen konnten, begannen wir dort mit umfangreichen Umbaumaßnahmen. An einem Samstag waren mein Mann, meine Schwester und mein Schwager dabei, im Schlafzimmer die Tapeten von den Wänden zu reißen. Meine jüngere Tochter war entsprechend eineinhalb oder zwei Jahre alt gewesen, so genau weiß ich es nicht mehr. Ich saß in der Küche am Tisch und war mit irgendwas beschäftigt, als meine

Tochter ganz aufgeregt aus dem Wohnzimmer kam zu mir lief. Sie zeigte in den kleinen Flur den man von allen Räumen einsehen konnte und rief:

„Mama, da. Da. Eine Fau. Grooße Fau!"

Offensichtlich sah sie dort eine große Frau stehen. Sie nahm mich an die Hand und versuchte mich mit sich zu ziehen. Also stand ich auf und folgte ihr langsam. Das Kind war weiter sehr aufgeregt und schaut die ganze Zeit hoch, so als würde sie zu einer großen Person aufschauen. Und sie winkte ihr zu. Wieder sagte sie:

„Grooße Fau!

Kaum waren wir im damaligen Kinderzimmer der älteren Tochter angekommen sagte das Kind:

„Oh. Große Fau weg!"

Okay, da war also eine große Frau die meinem Kind zuwinkte und im Kinderzimmer verschwand. Ich bekam eine Gänsehaut am ganzen Körper Denn es gab diese große Frau tatsächlich. Es kann nur die Großmutter meines Mannes gewesen sein. Sie war eine sehr große Frau gewesen. Mit einem Meter und achtzig erst recht für die damalige Zeit richtig groß.

Natürlich erzählte ich meinem Mann und den anderen direkt davon. Ich war sehr aufgeregt aber nicht ängstlich. Mein Mann schmunzelte nur und schob es auf unsere lebhafte Phantasie. Er selber glaubte natürlich nicht an Spuk und allem was damit zu tun hatte.

Es passierten häufiger so Sachen wie das Verschwinden und plötzliche Auftauchen von Gegenständen.

Manche Menschen behaupten, dass Kobolde für diese Streiche verantwortlich seien.

Aber Kobolde habe ich hier nie erlebt. Oder doch? Eines Tages im Dezember ging ich mit einer damaligen Freundin aus dem Kinderzimmer und wollte durch diesen kleinen Flur in die Küche. Links an der Wand im Flur stand ein halbhoher Schuhschrank. Auf diesem befand sich ein Adventskalender. Angelehnt an die Wand und unten mit drei kleinen stabilen Teelichtern gesichert vor dem Herunterrutschen. Plötzlich sehen diese Freundin und ich, wie der Kalender regelrecht in die Luft steigt. So, als würde ihn jemand anheben. Und plötzlich fällt er uns vor die Füße. Der Schrecken war bei uns beiden groß.

Niemand von uns sprach ein Wort. Wir setzten uns an den Tisch und schauten und dumm an. Gegenseitig versicherten wir uns immer wieder, dass das, was wir gerade erlebt hatten auch wahr war und wir uns das nicht eingebildet hatten. Ich erzählte ihr daraufhin einige der Geschehnisse und sie war schon doch etwas verunsichert.

Dieses Erlebnis ließ uns länger nicht los. Ich war froh, dass jemand anderes auch einmal etwas gesehen hatte und ich mir nicht mehr so komisch vorkommen musste.

Mir fällt gerade ein, dass diese *„große Frau"* uns anscheinend schon viel eher einen Besuch abstattete. Nämlich als unsere jüngere Tochter noch recht frisch war. Ich erinnere mich an einen Tag Abends beim Abendessen. Unsere damals vierjährige Tochter sah plötzlich auf und meinte:

„Da ist eine Frau und schaut ins Schlafzimmer.
Die will bestimmt das Baby sehen!"
Da meinte ich schon aus Spaß zu meinem Mann, dass es sicherlich seine Oma sei die mal schauen wollte. Darüber haben wir noch gelacht.

Während der gesamten Umbauzeit hatte ich oft das Gefühl, dass jemand oder etwas anwesend war. So als würden wir bei unserer Tätigkeit genauestens beobachtet werden. Ich habe bis heute das Gefühl, dass es die Großeltern meines Mannes gewesen waren.
Sie wollten einfach zuschauen was mir so treiben.
Ich bestand auf den Erhalt diverser Kleinigkeiten wie zum Beispiel der alten Lichtschalter im Flur. Es sind diese Drehschalter die man nach links oder rechts dreht zum An – oder Ausschalten. Auch haben wir alle Böden beibehalten und nur abgeschliffen und geölt. Regelmäßig sprach ich zu den Großeltern, erklärte und sagte ihnen, dass wir zwar viel erneuern müssen aber wir das Haus von Herzen lieben und es wieder sehr gemütlich einrichten werden. Von da an kam es nur noch ein Mal zu einem Erlebnis welches sich zum Glück in Gegenwart meines Mannes abspielte.
Es war einige Jahre später als mein Mann abends lässig an dem Küchentresen lehnte, direkt neben dem Herd. Ich stand ihm gegenüber an der Tür des Gäste – WC. Wir unterhielten uns über etwas banales. Alltagskram. Auf dem Herd stand ein Kochtopf. Er war leer und sollte nachher benutzt werden. Auf diesem Topf lag der

Deckel fest drauf. Nicht gekippt oder ähnlich sondern direkt so, dass der Topf geschlossen war. Plötzlich erhob sich der Deckel vom Topf so als würde jemand nachschauen wollen was im Topf drin sei. Und der Deckel senkte sich danach wieder und verschloss den Topf.

Ich werde nie den Gesichtsdruck meines Mannes vergessen. Absolute Ungläubigkeit. Mir selber ist auch alles aus dem Gesicht gefallen. Aber ich war froh, dass er nun selber etwas miterlebt hatte und nicht mehr sagen konnte, es sei alles Einbildung.

Telekinese?

Hat jemand von uns an Essen oder Kochen gedacht?

Hatten wir so viel Energie in uns und um uns herum, dass wir unbewusst den Deckel gedanklich angehoben hatten? Eine Erklärung findet sich für uns heute immer noch nur dadurch, dass seine Oma einfach nur mal schauen wollte ob und was es zu Esse gibt. Oder sie wollte sich nur bemerkbar machen.

Frei nach dem Motto: *„Hört auf zu quatschen, die Kinder wollen essen!"*

Kurze Zeit später fuhr mein Mann spät Abends vom Handballtraining nach Hause. Er fuhr schneller als erlaubt war eine Landstraße entlang. Plötzlich sah er rechts am Straßenrand eine kleine Gruppe von Menschen stehen die ihm zuwinkten.

Sofort bremste er ab. Er dachte es könnte einer von den Menschen unabsichtlich einen falschen Schritt Richtung Fahrbahn machen. Und einen Unfall wollte er nun wirklich nicht haben. Er fuhr langsamer an dieser Gruppe vorbei, konnte jedoch nicht erkennen ob es Männer oder Frauen, jüngere oder ältere Personen waren. Er sah noch einmal in den Rückspiegel und – nichts! Da stand niemand. Keine Menschenseele. Daheim erzählte er mir davon und ich meinte nur, dass er wohl jetzt etwas offener im Geiste wäre und einen Haufen an Schutzengeln gehabt habe.

Vielleicht wäre etwas passiert wenn er nicht langsamer gefahren wäre. Vielleicht war es auch nur eine Art Warnung grundsätzlich was das Fahren anging. Wenn ich meinen Mann beim Autofahren jedoch beobachte fährt er immer angepasst, Dagegen bin eigentlich ich immer diejenige, die öfters herunter bremsen muss oder waghalsiger fährt.

Doch nicht nur die Großeltern besuchen und ab und zu. Es gibt noch einen Jungen den ich jedoch nur ein Mal in den neunzehn Jahren hier im Haus gesehen habe.

Es war früher Abend gegen etwa zwanzig Uhr. Ich hielt mich im Schlafzimmer auf welches in der ersten Etage unseres Hauses liegt. Dort stand ich an unserem Bett und legte Wäsche zusammen. Direkt links von mir befand sich die offene Zimmertüre. Plötzlich vernahm ich das Öffnen der Zimmertüre des neben liegenden Raumes und schaute auf zur Tür. Ich dachte, dass eines der Mädels zu mir kommen würde.

Dem war aber nicht so. Statt dessen kam ein kleiner Junge aus dem Zimmer neben an, ging den Flur entlang und verschwand im alten Badezimmer. Bis heute kann ich dieses Kind genau beschreiben. Er war etwa sechs bis sieben Jahre alt, schlank und hatte braunes kurzes Haar. Als Oberteil hatte er ein T – Shirt an mit Streifen drauf. Und er trug eine Jeanshose. Das Kind lief wie selbstverständlich zum Bad als wollte es zur Toilette.

Geschockt oder erschrocken war ich nicht. Ich war eher erstaunt, dass hier noch eine Seele im Haus war. Natürlich erzählte ich meinem Mann davon und fragte ob er etwas von einem Jungen wüsste. Er überlegte und meinte dann, dass irgendwann früher, als seine Oma noch in unserer unteren Etage wohnte, in der oberen Etage ein Ehepaar mit zwei Söhnen lebte. Und er meinte sich zu erinnern, dass einer der Söhne im Erwachsenenalter verstorben war.

Nun, da ist die Seele, warum auch immer, bei ihrer Reise durch die Sphären wohl kurz bei uns gelandet. Vielleicht musste sie dringend oder es war einfach nur eine Art „Erinnerung des Hauses" welches sich bildlich manifestiert hatte.

Kapitel sieben

Aus dem Internetforum:

„Hallo,
Mir sind bisher zwei unheimliche aber vermutlich nicht unerklärliche Dinge in Krankenhäusern passiert.

Das erste mal war letztes Jahr wo noch nicht feststand was mir eigentlich fehlte. Meine Mutter hatte mich etwa um Mitternacht ins Krankenhaus gefahren weil ich extrem starke Bauchkrämpfe bekommen hatte und es nicht mehr aushalten konnte. Bis wir angekommen und dran genommen wurden, war dann ca. 1 Uhr. Ich hatte eine Schmerztransfusion bekommen, und nun warteten wir da bis diese durch war und wir nach nach Hause fahren konnten. Während wir uns also unterhielten, fing die Wanduhr an, sich rasend schnell im Uhrzeigersinn zu bewegen. 2 Uhr, 3 Uhr, 4 Uhr...bis sie wieder auf 3 Uhr stand und stehen blieb.Meine Mutter meinte noch scherzhaft: „Mach, dass das aufhört. Das ist gruselig. "
In der selben Nacht ist nichts mehr passiert aber am Morgen rief meine Tante mich an und sagte,
dass mein Großonkel in der Nacht einen sehr schweren Schlaganfall erlitten hatte.
Es war um 3 Uhr nachts passiert. "

Zweiter Vorfall:

Kurz vor meiner OP im April, als ich per Rettungswagen in das gleiche Krankenhaus eingeliefert wurde, weil ich fast an den Folgen einer damals nicht erkannte Bauchspeicheldrüsenentzündung gestorben wäre. Nun sollte ich drei Tage im Krankenhaus bleiben bis die Entzündungswerte sich verbessert hatten.
Im Zimmer, wo ich nächtigen sollte, lagen zwei alte, komatöse Damen. Die Nachtschwester sagte ich hätte

all meine Ruhe, da keine der beiden seit Monaten gesprochen, sich geregt oder Besuch empfangen hätte. In der zweiten Nacht hörte ich ein Röcheln aus dem Nachbarbett welches mich aufweckte. Ich stand auf und drückte den Knopf um eine Schwester zu rufen. Doch es kam keiner. Wäre ich nicht durch Schläuche ans Bett gefesselt gewesen, hätte ich, glaube ich, die Flucht ergriffen. So starrte mich die Oma die angeblich seit fast einem Jahr im Koma lag, mit weit aufgerissenen Augen an und krächzte in einem fast mechanisch klingendem Ton: „Dinslaken, nicht hier". Das waren ihre Worte und sie schloss die Augen. Ich verbrachte die Nacht in Panik.

Die erste Schwester kam wieder wie gewohnt um 7 Uhr, um die Betten zu machen. Mir wurden schwerste Vorwürfe gemacht, warum ich nicht den Rufknopf betätigt hätte und dass es gar nicht sein konnte, dass Frau soundso gesprochen hätte usw. Als ich entlassen wurde, mit einem OP-Termin für Ende Juli (man hatte jetzt neben der Pankreasentzündung riesige Gallensteine diagnostiziert, also musste das Teil raus), recherchierte ich etwas über das Krankenhaus und fand teilweise grausige Erfahrungsberichte die genau die gleiche OP betrafen. Ich sprach mich also mit meiner Hausärztin ab und da diese ebenfalls keine hohe Meinung von diesem Krankenhaus hatte, rief sie einen befreundeten Professor an der mich im Dinslakener Krankenhaus unter seine Fittiche nahm. Als dort einige Untersuchungen gemacht wurden kam er in mein Zimmer und sagte mir mit ganz ernster Miene, dass ich umgehend am nächsten Tag operiert werden müsse weil mein Zustand sehr schlecht sei und ich bis Juli nicht überleben würde. Meine Ärzte konnten sich beim besten Willen nicht erklären, warum das Krankenhaus den OP-Termin so weit nach hinten verschoben hatte. Später wurde nach Recherchen meiner Ärztin deutlich, dass es wohl um extra Beiträge ging die das Krankenhaus eingeheimst hätte und die sogar rechtlich gegen meine Hausärztin vorgehen wollten, da sie ihnen ja die Operation "weggeschnappt hatte. Letztendlich wurde ich also in Dinslaken und nicht "hier" operiert. Hätte mich die alte Dame nicht so nachdenklich gemacht, würde ich vielleicht gar nicht mehr hier sein."

„Hallo,

Wir gingen immer in der früh um 7 ,dann nach dem Mittagessen und abends rauchten wir immer um 21 Uhr die letzte .

Wir machten das schon 5 oder 6 Tage so und verstanden uns sehr gut und hatten gute Gespräche . Es war der Donnerstag, da gingen wir wie üblich um 21 Uhr eine rauchen , danach gingen wir in unsere Zimmer schlafen. Um 22 uhr 30 kam Paul ins Zimmer an mein Bett und fragte ob wir noch eine rauchen gehen. Ich sagte ja ok ,ich kann mich aber erinnern, dass wir beim Rauchen nicht geredet hatten und gingen *danach wieder in unsere Zimmer und sagten uns eine Gute Nacht zu . Am nächsten Morgen um 7 war Paul noch nicht da und ich ging in sein Zimmer um ihn zu holen. Aber sein Bett war leer. Ich dachte vielleicht ist er auf dem WC oder so. Kurz drauf kam mir die Schwester entgegen und sagte mir, dass Paul in der Nacht durch einen Zuckerschock gestorben ist. Ich war erschrocken und sagte zur Schwester, dass ich mit ihm um halb elf in der Nacht noch eine rauchen war. Die Schwester sah mich an und sagte:" Das muss früher gewesen sein da Paul um 21.50 gestorben ist. " Ich weiß aber noch genau, dass es 22 uhr 30 war als er ins Zimmer gekommen war da wir eine Uhr mit Analog ziffern hatten. Ich habe dann die Tage die ich im Krankenhaus war und auch zu Hause sehr oft diesen Abend im Gedanken durchspielen lassen. Entweder habe ich das nur geträumt, dass Paul um 22.30uhr noch eine rauchen wollte oder es war wirklich so. Nur passt die Zeit nicht wenn er um 21.50 h verstorben ist. Ich weiß aber ganz sicher, dass wir um 22.30h beim Rauchen nicht geredet hatten bzw. kommt mir das so vor. Irgendwie ist es bis heute noch seltsam wenn ich daran denke. Ich kann nicht genau sagen ob es real war oder nur geträumt. "*

Solche Geschichten liest und hört man sehr häufig. Nicht nur in Krankenhäusern erleben mache Angestellte oder Patienten seltsame Sachen. Auch in Altenheimen, in Bestattungsunternehmen, selbst beim Rettungsdienst gibt es immer wieder Berichte über merkwürdige Geschehnisse.

Ich habe es besonders im Altenheim selber erlebt.

Ein Bewohner ist verstorben. Wir haben ihn nach Ausstellung des Totenscheins gewaschen und angekleidet und für die letzten Besuche zum Abschiednehmen durch die Verwandten im Bett gut hingelegt und den Raum auch entsprechend aufgeräumt und sauber hinterlassen. Nachdem der Verstorbene abgeholt worden war, wurde das gesamte Zimmer vom Reinigungspersonal gesäubert und desinfiziert.

Die nächste Schicht hörte es danach mehrfach aus diesem Zimmer klingeln. Außerhalb der Zimmer befinden sich oberhalb der Türen Leuchten. Ist die Leuchte rot, schellt jemand. Betritt Personal diesen Raum, drückt es innen auf einen Knopf und es leuchtet draußen grün. Daran erkennt man, dass in dem Zimmer jemand am Patienten oder Bewohner arbeitet.

Nun ging also die Klingel und es leuchtete rot. Dies kann eigentlich nicht passieren wenn ein Zimmer komplett leer und zugeschlossen ist. Natürlich kommt es immer mal wieder zu einem Wackelkontakt oder Komplettausfall einer Klingelanlage. In der Regel sind diese Zimmer aber auch belegt. Dass ein solches Phänomen so gehäuft, im Inland wie im Ausland, auftritt, ist schon sehr merkwürdig. Ich vermute, dass nach dem Tode eines Menschen noch so viel Energie vorhanden bleibt, dass es ihr möglich ist zu agieren. Vielleicht möchte sich der verstorbene Mensch verabschieden? Sich für die Pflege und Betreuung verabschieden?

Ich hatte erst letztes Jahr ein besonderes Ereignis bei mir daheim.

Ich habe eine Kundin drei Mal täglich betreut die bettlägrig gewesen war. Eine süße ältere und demente Dame. Mit ihr konnte man sich aber noch unterhalten. Zumindest, wenn man sich in ihre Welt begab. Also war ich mal ihre Enkelin, mal ihre Mutter, mal Gott weiß wer. Und wir haben viel gemeinsam gelacht und gesungen. Die Zeit kam als es ihr schlechter ging. Sie aß nicht mehr und das Trinken lehnte sie ab. Für mich und die Familie war klar: sie macht sich auf den Weg. Die letzten Tage machte ich meine Arbeit an ihr ruhig und besonnen. Ich versuchte, alles für sie so angenehm wie möglich zu machen.

Eines Tages ging ich abends um zweiundzwanzig Uhr noch einmal rüber zu ihr um nach ihr zu schauen. Sie lag friedlich schlafend im Bett. Am nächsten Morgen fand ich sie genau so liegend - nun entschlafen - im Bett vor. Ich informierte die Familie und den Hausarzt und kümmerte mich im Anschluss um die Angelegenheiten mit dem Bestattungsunternehmen. Natürlich war ich sehr traurig aber trotzdem froh, dass ihr Sterben sich nicht so lange hinausgezögert hatte.

Am nächsten Morgen sagte mir mein Mann, dass er in der Nacht wach geworden sei und in der offenen Tür zum Schlafzimmer stand eine kleine hutzelige Frau die winkte. Er dachte sich schon, dass es bestimmt meine verstorbene Kundin gewesen könnte. Ich fand es so wunderschön von ihr. Das war ganz eindeutig ein Abschiedswinken.

Und weil ich so tief am schlafen war und mich nachts kaum etwas wach bekommt, hat sie sich meinem Mann gezeigt.

Ich glaube, wir Menschen aus der Pflege erleben deshalb so viele außergewöhnliche Phänomene weil wir alle im Dienste der Menschen arbeiten. AM Menschen und MIT dem Menschen. Wir hören ihnen zu, nehmen ihre Ängste ernst, bestärken und motivieren sie. Da schwirrt einfach unfassbar viel Energie um einen herum. Nicht nur die jeweilige Körperenergie. Sondern all die Energie die auch mit unseren Emotionen jeglicher Art auftritt. Sie kann gar nicht sofort verschwinden. Sie nutzt einfach die letzten Reserven um sich zu bedanken. Und das kann egal wie aussehen. Durch eine Sichtbarkeit des Verstorbenen, durch einen Geruch, ein Geräusch, ein Gefühl oder eben auch durch das Klingeln in einem leeren Zimmer.

An meiner letzten Arbeitsstelle als angestellte Krankenschwester gab es einen Kollegen der standhaft behauptete, dass er während seine Nachtdienste Stimmen und Geräusche wahr nahm. Mein damaliger Arbeitsplatz war ein Wohnhaus für Menschen mit einer dementiellen Erkrankung. Im 20. und 21. Jahrhundert war dieses Haus eine Art kleine Klinik bzw. eine Haus für Menschen die u.a. an Tuberkulose erkrankt waren. Natürlich gab es auch auf dem Gelände einen alten Friedhof der zu der damaligen Einrichtung gehörte. Der existierte nun nicht mehr denn auf ihm befindet sich heute ein Neubau der meiner früheren Arbeitsstelle

So berichtete der Kollege immer wieder davon, dass er Nachts Stimmen hörte und Rufe. Natürlich, dachte ich mir mit den anderen Kollegen. Da leben ja auch unsere Bewohner. Und dass man des Nachts quasi alles hört ist ja logisch in einem so kleinen Haus.

Nein, er bestand darauf, dass es keine Stimmen unserer Bewohner waren. Denn dazu vermischt hörte er Wehklagen und das Weinen von Kindern. Wirklich ernst genommen hat ihn niemand, egal wie standhaft er bei seiner Version blieb. Aber weiß schon genau ob nicht doch etwas Wahres an der Geschichte war?

Unheimlich war auch ein Vorfall über den ein anderer Kollege sprach. Auch er hatte Nachtdienst und es war draußen gewittrig und stürmisch mit starkem Regen. Er erzählte morgens bei der Dienstübergabe, dass er während eines Rundganges zur Kontrolle der Bewohner Frau (...) auf der Terrasse stehen sah, ein Nachthemd an, barfuß, die Hände nach oben gestreckt und klitschnass vom Regen. Zudem standen alle Zimmertüren und Fenster der anderen Bewohner offen. Es herrschte also ein wahres Durcheinander. Der Kollege konnte die Dame wieder rein holen, trocken machen, umkleiden und zu Bett bringen. Danach hatte er alle Türen und Fenster wieder geschlossen.

Es war ganz bestimmt ein sehr gruseliges Bild die Dame dort draußen so stehen zu sehen. Ich vermute, dass sie entweder in ihrer eigenen Welt war und sich warum auch immer so verhalten hatte oder aber sie ist im Schlaf gewandelt.

Ein oder zwei Kollegen befürchteten, dass sie eventuell durch einen Dämon besessen gewesen war. Auch wenn ich an Übersinnliches glaube, dass ein Dämon die Dame aufgesucht hätte glaube ich nicht.

Kapitel acht

„Guten Morgen,

ich hoffe, ich kann hier ein bisschen Hilfe oder Ratschläge bekommen. Bei mir stehen Gegenstände nachdem ich den Raum verlassen habe und das Zimmer wieder betrete,woanders. Gegenstände bewegen sich von alleine, man hört jemanden laufen bzw. rennen. Kleidung liegt mitten im Raum obwohl sie vorher ordentlich auf dem Kleiderbügel hing . Ein paar Mal habe ich eine Schattenfigur gesehen und ich fühle mich teilweise beobachtet und so eine Art Anwesenheit. Dass zu den Zeitpunkten außer mir noch jemand zu Hause war, ist nicht möglich.“

Psychokinese

„Der Begriff Telekinese oder Psychokinese bezeichnet eine Bewegung oder Ortsveränderung von Gegenständen, die angeblich durch geistige Kräfte bestimmter Personen auftreten. Die Parapsychologie beschäftigt sich seit Jahren mit der Suche nach Belegen für die Telekinese. Ein wissenschaftlich nachvollziehbarer Nachweis konnte bislang nicht erbracht werden.“ (Zitat aus: *mdr, Religion und*

Gesellschaft, 2024)

Auch in diesem Bereich gibt es – angeblich – keine eindeutigen Beweise. Ist es möglich, dass Menschen in der Lage sind und Gegenstände nur mit Hilfe ihrer Gedanken bewegen zu können? Und wie im oben genannten Post einer Person so eine Unordnung zu machen? Oder hat der Verfasser des Postings einen Kobold bei sich in der Wohnung der sich einen Spaß erlaubt? In den sechziger Jahren machte eine Dame in Russland auf sich aufmerksam mit ihrer Fähigkeit der Telekinese.

Auszug aus Wikipedia:

„Nina Kulagina, geb. Michailowa) (*30.07.1929; †01.April 1990) war eine in den 60er Jahren durch ihre angeblichen telepatischen Fähigkeiten bekannt gewordene Russin.
Von 1963 bis 1966 wurden in Leningrad von Professor Leonid Wassiliew, danach von **Jakow Petrowitsch Terlezki** *Experimente durchgeführt, bei denen Nina Kulagina diverse Objekte auf einem Tisch bewegen und verschieben konnte, scheinbar ohne diese zu berühren. Darunter waren auch nichtmetallische Objekte wie Zündhölzer und Zigaretten – auch unter einer Glashaube – sowie die Drehung der Magnetnadel eines Kompasses im Gehäuse. Es wurde berichtet, sie habe durch Konzentration ihrer Gedanken das* **Herz** *eines* **Frosches** *zum Stillstand gebracht. Ihre eindrucksvollste Tat war, eine Kugel schweben zu lassen. Bei ihren*

Experimenten bedurfte Nina Kulagina bis zu zwei Stunden intensiver Konzentration, um Effekte erzielen zu können. Das maximale Gewicht, das Kulagina verschieben konnte, lag bei 200 bzw. 500 Gramm. Bei den Experimenten wurden sowohl Schwarzweißfotos als auch Stummfilme gefertigt. Erstmals festgestellt habe Kulagina ihre „unbewussten" Kräfte, als sie in sehr zorniger Verfassung ein Zimmer betreten habe. Als sie zum Schrank gegangen sei, habe sich ein Krug auf den Rand des Regals zu bewegt und sei heruntergefallen und zerbrochen.

Die heutige Wissenschaft hat keine Antworten auf Kulaginas angebliche Fähigkeiten; die Parapsychologie dagegen erklärt, dass diese auf „eine normale, jedoch noch unbekannte Energie" zurückzuführen wäre. Skeptiker sehen in der langen Vorbereitungszeit Potential für Betrug, vermuten Taschenspielertricks sowie Magnete am Körper." (...)

Ich persönlich hatte nur ein einziges Mal ein erstaunliches und für mich bis heute unerklärliches Erlebnis.

Mein Mann und ich waren im letzten Herbst für ein paar Tage im Harz. Nachdem wir unser Appartement bezogen hatten, ging ich auf den Balkon um mir eine Zigarette zu rauchen. Auf dem Balkon standen ein größerer Tisch und zwei Stühle mit hohen Lehnen. Auf dem Tisch befand sich ein Aschenbecher. Nicht einer dieser leichten sondern schon robuster vom Material her. Ich zündete mir meine Zigarette an und wollte gerade das Feuerzeug auf den Tisch legen als ich sah, wie der Aschenbecher von ganz alleine seinen Platz verließ und quer über den Tisch zog. Hätte ich ihn nicht mit meiner Hand am Rande des Tisches aufgehalten, wäre er auf den Boden gefallen. So wie ich da stand, den Aschenbecher an meine Handfläche gelehnt rief ich meinen Mann raus und erzählte es ihm.

Ich war danach eine ganze Weile damit beschäftigt eine Erklärung zu finden. Ich habe geschaut ob der Tisch sehr glatt war, ob er abgeneigt stand, ob irgendeine Erschütterung in der Lage gewesen wäre, den Aschenbecher so zu verschieben wie ich es erlebt hatte.

Nichts. Rein gar nichts war meiner Meinung nach logisch dafür verantwortlich. Der Aschenbecher war auch zu schwer als dass er durch Wind hätte bewegt werden können. Man hätte ihn wirklich manuell bewegen müssen. Vielleicht war es ja mein verstorbener Vater gewesen? Auch ein Raucher zu seinen Lebzeiten. Der mir immer zu Hause auf seiner Terrasse den Aschenbecher genau so rüber schob. Oder hatte ich unbewusst die Telekinese ins Spiel gebracht? Bis dato hatte ich mich gar nicht damit beschäftigt.

Das konnte ich mir erst recht nicht vorstellen.

Oder waren es Hexen aus dem Harz? Bei dem Gedanken musste ich schmunzeln. Ich stellte mir eine Hexe vor die uns eigentlich begrüßen wollte und dafür sorgte, dass ich nicht vielleicht woanders hin aschern könnte. Was ich selbstverständlich nie getan hätte.

Der Harz ist sehr bekannt für seine Hexengeschichten, befindet sich dort auch der berühmte *Blocksberg:*

Für diejenigen die sie nicht kennen hier ein Auszug aus dem

„Harzer Tourismusband":

„Hexen –Unheimlich, gefürchtet, verfolgt

„Unter einer Hexe wird gemeinhin eine mit besonderen, magischen Fähigkeiten ausgestattete Person verstanden.

Über die Jahrhunderte hat es jedoch eine Über- und Verlagerung unterschiedlicher Vorstellungen, Bewertungen sowie äußerer Beschreibungen der Hexen gegeben. Wie stellt man sich eine „klassische Hexe" vor – mit Kopftuch oder Zauberhut? Das heutige Hexenbild baut zudem auf diversen und vermischten Quellen auf: Mit Zauberkräften ausgestattete männliche und weibliche Personen werden in der Antike (Medea), vorchristlichen/germanischen Welt (kultisch tätige Menschen oder ‚Weise Frauen'), in Märchen und Sagen sowie in der Zeit der Hexenverfolgungen beschrieben. Letztere suchten eine christliche Legitimation, das Urteil christlicher Gelehrter fiel jedoch zu den Verfolgungen von zustimmend über tolerierend bis ablehnend aus. Dabei wurde der angebliche „Schadenszauber", der eher den Volkszorn auf sich zog, nicht unbedingt als das größere Übel gesehen, sondern die damit verbundene Abkehr von Gott.

Auch die Wertung der Hexen wandelte sich in den Jahrhunderten: Von der vermutlich ‚neutralen' Beschreibung einer auratischen Person (z. B. eines

Wissens- oder Kultträgers) über die „Dämonisierung"
alter Wissensträger durch das Christentum bis hin zur
heutigen Sicht. Diese kann sowohl zwischen einer
‚guten' und einer ‚bösen' Hexe unterscheiden, als auch
einer Figur, in der beide Anteile vertreten sind.

Der Harz hat mit dem Brocken (oder auch **Blocksberg**
genannt) einen besonderen Kulminationspunkt des
Hexen- und Teufelsglaubens.

Seine „Karriere" begann im 17. Jahrhundert als
Johannes Praetorius seine Blocksberges-Verrichtung,
oder ausführlicher geographischer Bericht von den
hohen trefflich alt- und berühmten Blockesberge in
gleichen von der Hexenfahrt und Zaubersabate so auf
solchen Bergen die Unholden aus ganz Teutschland
jährlich den ersten Mai in der Walpurgis Nachte
anstellen sollen, aus vielen Autoribusabgefasset und
schönen Raritäten angeschmücket samt zugehörigen
Figuren veröffentlichte. Es gab in vielen Regionen
einen ‚eigenen' Blocksberg, wohin die Hexen zum
„Hexensabbat" flogen, um ihren Pakt mit dem Teufel
zu erneuern.

Im Lauf der Geschichte wurden dann jedoch alle
Blocksberge mit dem Brocken assoziiert. In der
Literatur wird allgemein bemängelt, dass sich für
diesen Geschichtsteil des Harzes Wissenschaft,
Vermutungen und Sagen zu schwer entwirrbaren
Quellen vermischen. Eingegangen in die
Weltliteraturgeschichte ist die Adaption des Faust- und
Brockenmythos durch Johann Wolfgang Goethe, der
endgültig den ‚Ruf' des Berges festigte.

Auch die Sagenwelt liefert eine Erklärung für den legendären Berg. So heißt es, dass sich einst die letzten Sachsen für ihre heidnischen Feste, insbesondere dass um Walpurgis gelegene Kultfest, auf den Brocken zurückzogen. Um nun die christianisierenden Scharen Karls des Großen abzuhalten, verkleideten sich besonders schauerlich. In manchen Versionen der Sagen heißt es, auch der letzte Schnee habe noch von der Kuppe gekehrt werden müssen – so sei die Vorstellung um den Hexenbesen entstanden. Die Walpurgisfeste und –feuer sind somit nicht mit Hexenfeuern gleich zu setzen, sondern sie erinnern vielmehr dunkel an heidnische Gebräuche und wurden mit dem Tag der Heiligsprechung der Missionarin Walburga   verwoben.

Allgemein sollte der Begriff „Hexenfeuer" stark überdacht werden. Er steht in unmittelbaren Zusammenhang mit den furchtbaren Verbrechen der Hexenverfolgung, deren Hochzeit zwischen dem 15. bis 18. Jahrhundert lag und die auch im Harz vorkamen. Willkür und schwere Folter bestimmten den Prozessverlauf gegen unschuldige Frauen, Männer und Kinder.

„Neuzeitliche Hexen" knüpfen abseits dieser belastenden Vergangenheit an die „Tradition" der Weisen Frau an, beschäftigen sich mit Heilkräutern oder bewegen sich im Bereich der Esoterik. Die Harzer Walpurgis ist z. T. ähnlich manch Ausbrüchen des Faschings zu sehen, der einen Gegenpol zum genormten Alltag bietet. Hexen und Teufel umso mehr,

da sie neben dem ungezügelten Verhalten einen
Kontrast zum allgemeinen Körperideal bilden: alt,
hässlich und in Lumpen." (...)

Kapitel neun

Als unser Vater ging

Kommen wir nun zu den Ereignissen die meine Mutter
sehr belasten. Hier muss ich im Vorfeld die Situationen
bei meinen Eltern vorab beschreiben.

Mein Vater litt vor etwa jetzt sechsundzwanzig Jahren
an Magenkrebs. Seine Überlebenschancen wurden auf
ungefähr bis dreißig Prozent eingeschätzt. Das war ein
riesiger Schock für uns als Familie. Kaum stand die
Diagnose, begann er recht schnell mit der
Chemotherapie. Die erste Therapie vertrug er noch, bei
der zweiten kam es zu Problemen. Kaum wieder
daheim, mussten wir ihn sofort wieder in die Klinik
schaffen da wir dachten er würde und wegsterben.
Nachdem er dort stabilisiert wurde kam es ein paar
Tage später zu der großen Bauch Operation bei dem
sein Magen entfernt wurde und ein neuer Magenbereich
aufgebaut wurde.

Nach seiner Entlassung war meine Mutter für ihn da
und führte die notwendige Nachbehandlung und
Wundbehandlung nach Anweisung der Ärzte selber
durch. Da sie Krankenschwester war, war es für sie

kein Problem. Letzten Endes hat er noch lange nach dieser Operation und Diagnose sehr gut gelebt.

Im Jahre 2021 kam es allerdings erneut zu Problemen.

Mein Vater litt schon länger an der Erkrankung COPD Gold, verursacht durch seinen Nikotinkonsum. Wir stellten eine langsame Verschlechterung seines Zustandes fest. Er bekam schlechter Luft und benutzte entsprechende Sprays sowie zeitweise Sauerstoff. Arzttermine ließ er gerne ausfallen oder sagte sie einfach ab. Wir waren sehr darum bemüht ihm zu helfen. Aber irgendwie wollte er nie so recht. Es kamen oft Ausreden warum es jetzt gerade nicht passen würde.

Er zog sich über die letzten zwei Jahre sehr zurück, war zwar anwesend aber zurückhaltend. Er wurde immer gefrusteter und klagte über seine Leiden. Aber Hilfe nahm er keine an.

Die Ehe meiner Eltern litt ganz schön darunter da meine Mutter ein energische Person ist und immer helfen möchte. Hier stieß sie an ihre Grenzen und musste akzeptieren, dass er Nein meines Vaters auch ein Nein blieb.

Wir wir alle wissen befand sich die Welt im Jahre 2021 inmitten der Corona – Pandemie. Man konnte sich kaum draußen aufhalten, Kontakte wurden dadurch reduziert, die Ängste der Menschen nahm seltsame Gestalten an. Und mitten drin fuhr ich an einem Donnerstag Vormittag im Mai zu meinen Eltern um nach ihnen zu schauen.

Meine Mutter erklärte mir schon an der Türe, dass mein Vater noch im Bett liegen würde. Es ginge ihm nicht gut und er hätte auch noch nicht gefrühstückt. Dass mein Vater seinen Morgenkaffee noch nicht getrunken hatte war sehr ungewöhnlich. Ich ging also hoch wo er im Bett lag und begrüßte ihn. Niemals im Leben werde ich vergessen wie ich die Zimmertüre öffnete und in einer quasi hundertstel Sekunde das Gesicht eines „toten Vaters" vor mir hatte. Es sah grau aus und sehr verzehrt, die Augen tief in den Höhlen.

Kaum trat ich an sein Bett, sah sein Gesicht wieder normal aus.

Ich setzte mich zu ihm auf die Bettkante und fragte was los sei. Er flüsterte, dass er wahnsinnige Schmerzen im Bauchraum habe. Ich schaute es mir an und er stöhnte bei der kleinsten Berührung schon auf. Mein Gedanke war, dass ich sofort den Notarzt anrufen müsste. Ich fragte also meinen Vater genau drei Mal ob ich die 112 wählen sollte. Und er sagte dreimal „ja". Ich wollte mir ganz ganz sicher sein, dass ich sein Einverständnis hatte. Ich wusste er hatte seit seiner Magenoperation vor vielen Jahren große Angst vor Ärzten gehabt. Deshalb erkannte ich, dass es ihm dieses Mal mehr als ernst war.Also rief ich die Rettung an. Als diese meinen Vater anschauten sagte einer der Sanitäter, dass sie ihn sofort mitnehmen würden.

Mein Vater war auch damit einverstanden. Ich half ihm beim Anziehen der Socken und des Bademantels und half ihm dabei, die Treppen nach unten zu gehen. Auch begleitete ich ihn zum Krankenwagen, half ihm beim

Einsteigen und sagte zu ihm, dass ich später in der Klinikanrufen und dann nach ihm schauen würde. Mein Vater sagte nichts und drehte sich auch nicht um zu mir. Im Haus klärte ich meine Mutter auf und beruhigte sie. Am nächsten Tag rief ich in der Klinik an und erfuhr, dass mein Vater auf der Intensivstation lag. Man hatte ihn notfallmäßig operiert da sein Bauchraum gefüllt war mit sogenannten Adhäsionen. Das sind Bindegewebsanhaftungen alter Narben auf den inneren Organen. Das bedeutet, dass das Bindegewebe an den inneren Nahtstellen der früheren Magenoperation mit den oberen Schichten diverser Organe verwachsen hatte. So waren sie nur noch wenig in der Lage ordentlich zu funktionieren. Unter anderem war der Darm kaum mehr in der Lage zu arbeiten und es hatte sich ein Ilius (Darmverschluss) gebildet. Auf Nachfrage nach einem Besuch wurde dies abgeschmettert mit dem Hinweis auf Corona. Dies war an einem Freitag Vormittag. Freitag Nachmittag hatte ich einen anderen Arzt am Telefon und bat dringend um die Möglichkeit zu einem Besuch. Ich erklärte, dass ich selber Krankenschwester sei, selbständig und mich extrem an alle Hygienemaßnahmen halte – privat wie beruflich -. So erhielt ich die Erlaubnis, morgen, Samstag um fünfzehn Uhr zu Besuch kommen zu dürfen.

Samstag früh um halb acht macht mich mein Mann wach und muss mir sagen, dass die Klinik angerufen hatte. Mein Vater hätte um drei Uhr nachts unsere Welt durch ein Herzversagen verlassen. Niemals vergesse ich diesen Schock. Ich sprang aus dem Bett, sprang in irgendwelche Klamotten, rief meine Schwester hysterisch an und bat darum, auch zu unserer Mutter zu kommen. Danach rief ich meine Mutter an, sagte nur kurz was war und dass ich auf dem Weg zu ihr sei. Angekommen im Haus meiner Eltern war großes Chaos. Weinen, Hysterie, Fragen, Verzweiflung ... alles an Emotionen auf einmal. Unglaublich schlimm war es. Meine Mutter brach regelrecht zusammen. Ich musste alle Gespräche, die ich mit den Ärzten und Pflegepersonen am Telefon hatte, etliche Male neu wiedergeben.

Dann begann auch schon das übliche Prozedere. Am selben Tag sind wir zum Bestattungsunternehmen hin und haben alles Notwendige in die Wege geleitet. Unser Vater sollte eingeäschert werden. Nun hatten wir das Pech, dass es ein Wochenende war und mein Vater noch in der Kühlkammer der Klinik lag. Leider war der Totenschein plötzlich nicht mehr auffindbar.

Also konnte man ihn nicht abholen. Es war alles sehr unschön. Da noch Feiertage dazwischen lagen, verblieb mein Vater mehrere Tage dort in der Klinik bis der Totenschein erneut ausgestellt worden war und das Bestattungsunternehmen in endlich abholen konnte.

Ein letztes Abschiednehmen war uns erst über eine Woche nach den Tod möglich. Er lag aufgebahrt im Sarg in einer Kapelle und sah gut aus. Er trug einen Anzug wie zu Lebzeiten und auch seine geliebte Armbanduhr. Nur die Zahnprothesen war nicht in seinem Mund und der Mund auch nicht verschlossen. So sah meine Mutter, dass er ohne Zähne im Sarg lag. Zum Glück hatten wir diese mitgenommen.

Warum auch immer, ich erinnere mich nicht mehr daran. Aber meine Mutter legte ihm die Prothesen in den Sarg an seine Seite. In Bulgarien muss der Mensch ganz so ins Jenseits gehen wie er gelebt hatte. Ohne Zähne kann man im Jenseits nicht essen.

Der Tag der Beisetzung kam und wir hielten die kleine Trauerfeier komplett selber ab. Die Urne wurde in das Grab eingelassen und einen Monat später folgte die Grabplatte.

Kurz nach dem Tode meines Vaters begann nun im Haus meiner Eltern etwas, was uns bzw. meine Mutter bis heute, nach so langer in Atem hält. Dazu muss ich sagen, dass weder meine Schwester noch ich je wirklich etwas davon wahrnehmen können. Und wir sind sehr oft bei ihr.

Kapitel zehn

Der Wahnsinn beginnt …

Angefangen hat alles im Kleinen. Es klingelte am Abend das Telefon und meine Mutter erschien sehr aufgeregt. Sie berichtete mir, dass sie sich zu Bett gelegt hatte und und weinte. Plötzlich sah sie vor sich das Abbild meines Vaters. Sitzend, mit den Beinen überschlagen in seinem Bürosessel im Arbeitszimmer. Es wirkte wie eine Art Fotografie. Sie sah, dass er sich nicht bewegte und lächelte.

Ich konnte sie beruhigen und meinte, dass es ganz normal sei wenn man den Verstorbenen plötzlich sieht. Manche nehmen es als Kontaktaufnahme wahr, andere sagen sich, dass es einfach nur ein Erinnerungsbild unseres Gehirns sei. Aber egal was es war, es sei harmlos. Damit konnte sie vorläufig beruhigt schlafen. Von da an steigerten sich ihr Erlebnisse jedoch.

Da meine Mutter zwar orthodox getauft ist jedoch keinen Bezug zur Kirche, Gott, dem Jenseits und so weiter hatte, litt sie natürlich Ängste. Täglich wurden meine Schwester und ich damit konfrontiert was sie am Tage oder am Abend und in der Nacht wahrnehmen konnte. Mal hörte sie Schritte im Haus, mal nahm sie seinen Geruch war. Ein anderes Mal lag sie im Bett und sah plötzlich nur seinen Mund vor sich schweben.

Dabei behauptete sie, dass in diesem Mund Zähne zu sehen waren. Aber sie sahen nicht so aus wie die seiner Prothese. Sie seien irgendwie kleiner. Ich beruhigte sie und antwortete, dass es vielleicht seine früheren, echten Zähne gewesen sein könnten. Die sahen ja anders aus als die Ersatzzähne. Damit gab sie sich zufrieden.
Wieder ein anderes Mal erzählte sie, dass sie ihn jeden Abend hören würde. Er würde sich mit seinem schweren Atem bemerkbar machen. Ganz wie in den letzten Jahren durch seine COPD Erkrankung. Meine Mutter ängstigte sich zu Tode, und mir und meiner Schwester blieb nichts anderes übrig als sie zum Schlafen regelmäßig zu uns zu holen. Am Morgen fuhren wir sie dann wieder nach Hause. Seltsamerweise schlief sie bei uns einigermaßen gut. Meistens.

Aber auch bei uns gab es Zeiten in denen sie die Anwesenheit von ihm spürte. Nur geriet sie nicht in so große Panik da wir in Rufnähe waren. Das zog sich durch den ganzen Winter 2021/2022.

Im Frühling erging es ihr etwas besser. Aber vorbei war es nicht mit ihren Wahrnehmungen. Um meine Schwester und mich etwas zu entlasten, setzte ich eine meiner Angestellten als Betreuungskraft bei ihr ein. Gemeinsame Gespräche und Spaziergänge mit meiner Mutter sollten sie etwas bereichern und ablenken. Das half nur bedingt. In der Zwischenzeit nahmen plötzlich die Erlebnisse vermehrt zu.

Nun war es nicht nur das Atmen meines Vaters was sie hörte sondern auch Stimmen. Allerdings nur sehr leise für sie hörbar. Einen Inhalt der Gespräche konnte sie nicht ausmachen. Bevorzugt trat dieses Stimmen hören am späten Abend oder in der Nacht auf.

So berichtete sie, dass sie abends gegen zweiundzwanzig Uhr ins Bett ginge, und kaum eingeschlafen würde sie wach werden. Sie spüre sofort, dass eine Präsenz in ihrem Zimmer sei. Mal sah sie eine Art Schlange die an ihrem Bauch lag, mal waren es eine weiße, flockenartige Substanz die in ihrem Bett und vor dem Bett lag. Aus purer Angst hatte sie sich bereits einen Besen und einen Staubwedel an ihr Bett griffbereit hingelegt um sich im Falle eines Überfalls wehren zu können. Wieder ein paar Wochen später erzählte sie, dass mein Vater mit ihr in der Badewanne sei wenn sie sich baden würde. Sie spüre wie er sich neben sie zwänge und der Badeschaum sähe auch immer gräulich aus statt weiß.

Meine Schwester und ich haben alles mögliche ausgetestet ob Badeschaum sich eventuell verfärben könnte, was wir jedoch niemals auch nur ansatzweise irgendwo gesehen haben. Jeden Tag rief sie uns an und erzählte von neuen Sachen die sie erlebt hatte. Meistens weinte sie oder hatte Angst. Nachts kam sie kaum zur Ruhe. So begannen meine Schwester und ich damit, Hilfe für sie zu suchen. Zuerst dachten wir, dass es die Psyche sei die sie so belasten würde. Also suchte ich nach einer Möglichkeit zur Psychotherapie. Aber noch immer war der Corona – Virus aktiv und es war unmöglich, einen Termin zu bekommen. Und nach dem Corona war es nicht möglich einen Termin zu bekommen weil alle psychotherapeutischen Praxen überlaufen waren.

Nun suchten wir nach einer anderen Hilfe. Diesmal in Form von Hilfe durch die Kirche. Zuerst habe ich mich bei uns im Dorf mit unserem katholischen Kaplan zusammengesetzt und ihm erzählt worum es ging. Ich bat ihn darum meine Mutter zu besuchen, mit ihr zu reden und das Haus neu zu weihen. So geschah es auch. Ich bereitete meine Mutter vor und mit unserem Kaplan sprachen wir Gebete und er säuberte und weihte das Haus meiner Eltern von oben nach unten. Danach erschien meine Mutter erleichtert und es herrschte ein paar Tage Ruhe. Sie konnte schlafen und wir alle dachten, dass nun alles gut wäre. Leider war dem nicht so. Nun erlebte sie viel mehr im Hause als vorher. Sie sagte, dass ständig eine Art Unruhe im Haus, besonders in der Küche, zu spüren wäre.

Es hörte sich an als würde mein Vater dort Tassen und Teller in die Schränke räumen und Gegenstände auf der Küchenarbeitsplatte hin und her schieben. Es machte sie selber so unruhig, dass sie sich nicht auf das Lesen einer Zeitung konzentrieren konnte. Also hatte sie sich angewöhnt ihn darum zu bitten, mit seiner Tätigkeit aufzuhören. Dies hielt jedoch immer nur kurz an. Weiterhin erzählte sie uns täglich neu von dem was sie erlebte. Ob am Telefon oder wenn wir bei ihr waren. Ein anderes Thema gab es nicht mehr. Also kümmerte sich meine Schwester dieses Mal um den evangelischen Pfarrer. Auch dieser sprach Gebete und räucherte und weihte das Haus. Mit dem Ende vom Lied, dass auch er nicht helfen konnte.

Nun begann die Zeit in der das, was angeblich im Hause war, nicht nur einfach da war sondern meine Mutter physisch anzugreifen. Saß sie abends im Wohnzimmer und sah fern, spürte sie jemanden neben sich sitzen. Um eine bestimmte Uhrzeit versuchte dieses Etwas meine Mutter dazu zu bewegen, den TV auszumachen und ins Bett zu gehen. Meine Mutter wehrte sich aber dagegen und rief:

„Ich gehe ins Bett wann ich möchte und ich möchte noch die Sendung zu Ende sehen."

Kaum war sie bettfertig, begann das bekannte Spiel. Jemand befand sich mit ihr im Schlafzimmer, berührte sie am Hals, Nacken oder am Kopf. Dieses Etwas lag auch neben ihr im Bett. Also sprang sie wieder heraus, riss die Schlafzimmertüre auf und wedelte mit dem Besen und dem Staubwedel herum und versuchte, das unsichtbare Etwas aus dem Zimmer zu vertreiben. Danach konnte sie zwar immer einschlafen, wurde jedoch morgens regelmäßig um vier Uhr mit folgender Ansage geweckt:

„Frau R (...) muss jetzt aufstehen."

Damit war meine Mutter gemeint. Also war sie wach und regte sich deshalb natürlich sehr auf und war den ganze Tag müde. Die Katze meiner Eltern traute sich kaum noch, das Schlafzimmer zu betreten. Entweder spürte auch sie die Anwesenheiten oder sie war total verunsichert ob der Aktionen meiner Mutter. Es war schlimm. Tagsüber hatte meine Mutter keine Ruhe und Nachts schlief sie nur etappenweise um regelmäßig früh um vier aus dem Schlaf gerissen zu werden. Auf Nachfrage von uns wie sich die Stimme denn anhören würde meinte sie:

„Eine normale Frauenstimme".

Gut, dann kann das ja eher nicht unser Vater gewesen sein.

Erneut bat sie uns um Hilfe. Also ging ich nun zur serbisch - orthodoxen Kirche mit dem Gedanken im Hinterkopf: Papa war zwar Katholik, aber er hatte sich immer viel mehr mit der orthodoxen Kirche identifiziert. Ein Versuch war es wert.
Der Priester kam nun auch ins Haus, sprach lange Gebete und räucherte ebenso alles aus. Mit dem Resultat, dass auch dies nur ein paar Tage zu einer Besserung führte. Meine Mutter schlief fast eine Woche ungestört und vernahm tagsüber nur ab und zu etwas.

Ihre Angst nahm ab. Wir hatten uns sehr viel Zeit genommen und viel mit ihr über den Tod gesprochen. Ich klärte sie über die Phasen der Trauer auf, sprach sehr einfühlsam insgesamt mit ihr und versuchte ihre Fragen zu Gott und dem Jenseits so gut wie möglich zu beantworten.

Ihre Hauptfrage nach dem „ *Warum gerade ich? Warum ist es möglich, dass ich diese Dinge erlebe?* " konnte ich ihr jedoch nicht beantworten. Eine Erklärung werden wir auch nicht bekommen. Zumindest nicht solange wir leben. Wer weiß, vielleicht erfahren es wir wenn wir selber die Seiten wechseln. Da meine Mutter so wie immer alles hinterfragen muss, ist dies nicht die Antwort die sie braucht. Sie denkt viel nach, liest viel und kramt in Erinnerungen in der Hoffnung, eine Antwort auf alles zu finden. Das kann man ihr auch nicht nehmen. Und sie soll machen was sie für richtig hält.

Kapitel elf

Es nimmt Fahrt auf …

Mittlerweile war fast ein Jahr vergangen ohne dass sich etwas verbesserte. Die Dinge, die sie erlebte, waren nach wie vor vorhanden. Nur kam jetzt dazu, dass sie eine Präsenz spürte die sich an ihren unteren Extremitäten festhielt. Sie behauptete, dass mein Vater oder seine Seele oder Energie sich bei ihr bemerkbar machen würde sobald sie von ihm sprechen würde. Sie spürte eine gewisse Kälte an ihren Füßen, mal rechts und mal links. Waren wir zu Besuch bei ihr und unterhielten uns über unseren Vater, kam von ihr ein Augenzwinkern und ein Zeigen mit dem Finger nach unten:

„Dein Vater hört mit. Er weiß, dass ihr da seid."

Gut, also sagte ich einfach spaßeshalber:

„Hallo Papa, alles gut. Wir reden nur."

Nun knurrte der Magen meiner Mutter und sie meinte ganz aufgeregt:

„Siehst Du? Er antwortet. Das war ein Ja!"

Nun war meine Mutter so weit, dass sie ihn nicht nur an den Füßen oder Beinen spürte, nein, er schien nun auch in ihrem Körper zu sein. Ehrlich gesagt hatte ich ganz große Probleme bei dem Gedanken. Das konnte meine Mutter doch nicht wirklich glauben, oder? Doch egal was meine Schwester und ich auch sagten, sie blieb dabei. Mittlerweile hatte unsere Mutter auch sehr viel abgenommen durch den Stress und die Trauer.

Sie vergaß zu essen und wir schauten oft in der Woche über Mittag vorbei damit sie in unserer Gegenwart wirklich auch richtig essen konnte. In Gesellschaft schmeckt es ja eh viel besser als alleine. Oft nahmen wir sie Sonntags zu uns und sie aß so unglaublich viel, dass es für eine Woche reichen müsste. Wir schlugen ihr sehr oft vor das Haus zu verkaufen und sie zu uns zu holen. Aber das lehnt sie bis heute ab.

Nach wie vor weinte meine Mutter oft, erzählte von ihren nächtlichen Erlebnissen, von den Kämpfen gegen diese unsichtbare Präsenz. Also schaute meine Schwester nach einem Medium. Wir wollten unserer Mutter einfach nur wieder zu einem normalen Leben verhelfen. Meine Schwester nahm Kontakt zu einem Medium auf welches sie über private Kontakte gefunden hatte. Dieses Medium war eine junge Dame aus Griechenland. Leider war sie nicht wirklich bereit zu helfen da ihrer Meinung nach zu mächtige Präsenzen anwesend waren. Sie traute sich offensichtlich nicht. Also suchte meine Schwester weiter und fand schließlich ebenso über private Kontakte jemand anderes.

Es kam zu dem Tag an dem dieses Medium per Telefonkontakt eine Lesung abhalten sollte. Meine Schwester, meine Mutter und ich saßen im Elternhaus im Wohnzimmer. Wir sollten auf gar keine Fall irgendwelche Infos an das Medium geben und auch weder mit Ja oder Nein antworten. Dies war extra von der Dame so gewünscht worden. Sie wollte absolut keine Informationen haben. Sie hatte uns nur angewiesen ein Foto von der verstorbenen Person vor uns auf den Tisch zu legen und eine Kerze anzuzünden. Das taten wir so aus. Und dann rief sie auch schon an.

Alle Einzelheiten kann ich nicht mehr wiedergeben. Ich weiß nur noch, dass sie sagte es handelte sich um den Vater bzw. Ehemann. Sie spürte, dass er Probleme mit dem Atmen hatte und dass sein Versterben ganz plötzlich kam. Er war vorher nicht ans Bett gebunden aber jetzt sah sie ihn auf der Intensivstation liegen. Angeschlossen an Monitoren und Infusionen. Verstorben ganz plötzlich und auch für ihm nicht begreifbar. So habe er am Ende seines Lebens beim Übertritt in die andere Welt an uns gedacht.

Sie sah ihn in eine Art dunklem Raum stehen. Orientierungslos und ängstlich. Er sei noch nicht auf der anderen Seite angekommen. Bei ihm wäre eine ältere Dame. Sie stünde in der Ecke dieses Raumes. Wer dieses Dame sei könnte sie uns nicht sagen, Es schien sich aber um eine Familienmitglied zu handeln. Wahrscheinlich seine Mutter. Und sie nahm auch einen Mann wahr. Ebenso in diesem Raum. Niemand spräche ein Wort. Der Mann sei ebenso ein Familienmitglied. Mein Vater sei völlig verzweifelt weil er immer noch nicht verstanden hätte, dass er verstorben sei. Er wüsste nicht was er machen sollte.

Sie berichtete auch noch andere Dinge die Sinn für uns machten. Am Ende ließ sie ihn ins Licht gehen. Sie sagte, dass er eine Art Treppe hoch laufen würde und oben stünde ein Junge. Kein kleiner Junge sondern etwa im Alter zwischen acht und zehn Jahren. Dieser Junge hielte meinem Vater seine Hand hin. Und dann ging er in die andere Welt hinüber.

Fakt ist, dass meine Großeltern natürlich schon verstorben waren. Also hätte die Dame tatsächlich meine Oma oder auch meine Uroma sein können. Zu ihr hatte mein Vater ein sehr enges Verhältnis. Die männliche Person hatte durchaus einer seiner vor ihm verstorbenen Brüder sein können. Und der Junge am Himmelstor oder an der Schwelle zum Jenseits könnte das erste Kind meiner Oma gewesen sein. Dieses Baby, ein Sohn namens Friedhelm, wurde vor meinem Vater geboren und verstarb jedoch im Alter von ein paar Tagen.

Nach dieser medialen Sitzung die eine Stunde ging sprachen wir noch über darüber, verglichen Gesagtes mit den Tatsachen und fühlten uns beruhigt. Unsere Mutter schaute hoffnungsvoll und optimistisch nach vorne. Leider brach auch hiernach wieder ein paar Tage später alles zusammen. Es war schlimm sie so zu erleben. Nun ging es noch schlimmer zu im Hause. Denn nun fand sich auch noch die Seele einer Frau ein. Diese weibliche Präsenz trat aggressiver auf als die andere Präsenz. Hatten wir unabsichtlich irgendwelche Türen geöffnet? Wir hatten doch vorher und nachher Gebete gesprochen um alle Türen der Portale wieder zu schließen.

Was sind Portale?

Zitat Beginn aus der Website: „Spirit Traveling"

„(...) Geisterportale sind schon lange auch bei seriösen Physikern nicht ganz unbekannt.

In den Grenzwissenschaften werden sie als eine Art Eingangs- oder Ausgangspunkt für Spirituelle Energien und zu anderen Dimensionen betrachtet. Angeblich wurden sie sogar auf Fotografien festgehalten. Menschen, die angeben, ein solches Geisterportal *gesehen zu haben, beschreiben es als eine Art Wirbelwind oder eine sich drehende Form.*

Hier sind einige Charakteristiken eines Geisterportals:

Es ist ein Fenster oder Loch in einem Energiefeld das zwischen unserer Realität und einer anderen Dimension entsteht. Durch diese Öffnung können fremde Energien, oder Wesen, wie Geister oder körperlose Energieformen hindurch schlüpfen.

Häufig gelingt es negativen Energien durch so ein Portal zu kommen. Die Wissenschaft nimmt an, dass der Grund dafür die Astralebene ist, die sich am nächsten zu unserer materiellen Ebene befindet und gerade in dieser Ebene, sich sehr viele negative Seelen und Energiewesen aufhalten. Diese Energien zieht es zurück in die materielle Dimension.

Die meisten Geisterportale sind sowohl Eingang als auch Ausgang und können in beide Richtungen benutzt werden.

Es wurden hohe Werte von paranormaler Aktivität in der Nähe von Geisterportalen gemessen.

Viele glauben, dass es solche Portale überall auf unserer Welt gibt und es sogar einige Hotspots davon geben soll. Es wird vermutet, dass nicht nur spirituelle Energien diese Portale benutzen können, sondern dass auch hochentwickelte Aliens sie benutzen.

Laut Para-Wissenschaftlern gibt es sehr seltene Geisterportale, die durchweg nur positiv sind. Hier können keine negativen niederen Astralwesen hindurch.

Diese Portale können nur von hoch schwingenden positiven und weit entwickelten Spirituellen Wesen durchschritten werden. Einige hoch entwickelte Spirituelle Menschen behaupten, dass sie solche Portale öffnen und schließen können." (...)
(Zitat Ende)

Man mag daran glauben oder auch nicht.

Nun, es begann nach all unseren Bemühungen, Gesprächen, Tränen und medialer Hilfe alles nur noch schlimmer zu werden. Ich erwähnte bereits, dass nun auch noch eine weibliche Präsenz bei meiner Mutter im Haus manifestiert hat. Diese ist scheinbar um Längen aggressiver in ihrem Auftreten. Ihr Aufenthaltsort über Tage ist ausschließlich in der Küche, oberhalb des Kühlschrankes. Dort befindet sie sich bereits früh morgens wenn meine Mutter frühstückt. Erst erschien es so als sei sie alleine, nun sei noch jemand dabei.
Sie macht Krach, klappert mit dem Geschirr in den Schränken und fügt meiner Mutter Schmerzen zu in dem sie sich an ihre Füße und Zehen haftet und dort „zuzubeißen". Oft genug schon hatte meine Mutter unerklärliche blaue Flecken am Körper ohne sich gestoßen zu haben. Zumindest behauptet sie bis heute, dass sie sich absolut nicht an einen Stoß erinnern könne. Auch hat sie immer wieder mal so kleine Male am Arm als hätte ein Insekt sie gestochen.
Sie behauptet aber, dass es kein Stich wäre.
Bis heute ist es so, dass sie der Meinung ist es seien nun vier Präsenzen vor Ort. Unsicher ist sie sich

bezüglich der männlichen Präsenz. Sie sagt, dass mein Vater der „Liebe" ist. Derjenige, den sie nach wie vor atmen hört. Aber daneben gibt es wohl eine zweite männliche Präsenz die offensichtlich ab und zu so tut als sei es mein Vater. Jemand, der entweder im bairischen Dialekt" spricht und manchmal mit einem slawischen Akzent. Er schimpft oder sagt gemeine Dinge zu ihr wie:
„Dein Mann starb bereits an dem Tag als ihr geheiratet habt!"
Auch fühlt sie manchmal, als wollte er sexuelle Handlungen an ihr ausführen. Das regt sie so schlimm auf, da sie mit einundneunzig Jahren ganz andere Dinge im Sinn hat als so etwas.

Um dieser Präsenz Nachts keine Möglichkeiten zu bieten sich an ihr zu vergreifen, steckt meine Mutter sich Knoblauch in den Pyjama.

Die weibliche Präsenz dagegen versucht sich ständig bei ihr im Bett breit zu machen. Sie geht an die Haare meiner Mutter und an den Kopf. Meine Mutter hat Angst, dass diese Wesen ihr die Energie rauben könnten. Also träufelt sie sich ein paar Tropfen flüssiges Knoblauch auf den Scheitel. Damit die Wesen nicht an ihre Beinen können um dort Energie herauszusaugen trägt meine Mutter Stützstrümpfe, Socken und die lange Pyjamahose obendrauf.

Dass all dieses Einpacken zu ihrem Schutz für ihre Haut nicht gut ist ist ihr egal. Sie sagt, dass sie eh friert.

Mittlerweile hat meine Mutter überall im Haus kleine Altare aufgebaut und Ikonen aufgehangen. Sie trägt tagein und tagaus eine Kette mit einem Amulett zum Schutz und zur Abwehr von Dämonen um den Hals. Auch eine Sicherheitsklammer trägt sie von außen an ihren Oberteilen.Denn die sollen schließlich auch abwehrend wirken.

Seit einiger Zeit ist das Essen für meine Mutter zu einem großen Problem geworden. Schon länger behauptet sie, dass diese Dämonen mit allen Mitteln ihre Energie haben möchten. Und jedes Mittel ist ihnen recht. Sei es über das Belagern ihrer Beine und Füße, die Stiche – ähnlich wie denen von Insekten – oder der kalte Griff zu ihren Organen.
Kaum macht meine Mutter sich etwas zu essen, sind die Dämonen an ihrer Seite und versuchen mitzuessen. Dies bemerkt meine Mutter indem sie die Geräusche wie ein *„Schnappen nach dem Essen"* hört.

„Sie stehen vor mir und warten bis ich mir das Essen in den Mund stecken möchte. Dann schnappen die danach als wollten die auch essen! Ich sage dann immer die sollen verschwinden. Das ist MEIN Essen!"

An manchen Tagen isst sie so wenig, das reicht einfach nicht. Wenn ich meinen Unwillen ihr gegenüber darüber mitteile behauptet sie:

„Denkst Du, ich will die mit ernähren? Die haben nun auch noch ein Kind! Die braucht das Essen für das Kind! Ich gebe denen NICHTS! Ich lasse die einfach hungern!"

Nun hat die weibliche Präsenz mit der männlichen Präsenz also ein Kind bekommen. Ehrlich gesagt weiß ich auch nicht was ich nun davon halten soll. In den Augen meiner Mutter gibt es nur eine Erklärung: Mein Vater hat in der anderen Welt eine neue Frau gefunden und entweder ist es sein Kind oder er hat es angenommen.

Sie habe ihn einmal danach gefragt ob es sein Kind sei. Daraufhin hätte er mit einem „unsicheren" JA geantwortet. Diese weibliche Präsenz empfindet meine Mutter als Rivalin und möchte sie aus dem Haus verjagen um selber dort zu leben. Schließlich bräuchte das Kind ja ein Zuhause.

Ja, man kann drüber schmunzeln oder lachen.

Uns jedoch ist all das nun vergangen. Ich bin sprachlos darüber. Obwohl meine Schwester und ich ihr immer und immer wieder sagen, dass die andere Welt nicht mit unserer zu vergleichen ist, nimmt sie es nur zögerlich an. Für sie gibt es keinen Unterschied zu unserer Welt. Auch dort wird exakt so gelebt wie hier bei uns auf Erden. Es gibt die guten Seelen und die Bösen. Es gibt Hochzeiten und Geburten. Nur stirbt dort niemand.

Das ist das Bild was meine Mutter sich selber vom Jenseits erstellt hat.

An manchen Tagen kommen wir zu ihr durch und sie sieht ein, dass alles was sie berichtet irgendwie nicht so sein kann. Zumindest denke wir Kinder uns das so. Wir streiten ihr aber ihre Wahrnehmungen niemals ab. Es IST das was sie erlebt.. An anderen Tagen bleibt sie bei ihrer Behauptung. Versuchen wir vorsichtig damit rationale Gründe aufzuzeigen, wird sie böse und beschimpft uns auch schon mal. Wir würden ihr nichts glauben, wir würden nur am Vater hängen und alles nur positiv sehen was ihn angeht. Sie lüge uns nicht an und wisse genau was passiert.

Wie oft haben wir uns gefragt, ob bei ihr eine Psychose vorliegen könnte. Ausgelöst durch den Tod meines Vaters. Oder sie sei schizophren geworden. Aber nichts davon passt wirklich als dass es zu einer solchen Diagnose kommen würde. Sie ist sich absolut bewusst über alles was sie erlebt und was sie uns erzählt. Daneben meistert sie ihren Haushalt mit etwas Hilfe durch uns komplett alleine. Sie ist weder dement noch sonst irgendwie kognitiv eingeschränkt. Sie weiß ganz genau was sie will und was sie nicht möchte.
Vor einiger Zeit hat meine Schwester ihr ein Buch besorgt. Es heißt „Von Dämonen besessen". Dieses Buch wurde geschrieben von einem polnischen Medium. Meine Mutter hat dieses Buch akribisch durchgearbeitet und sehr viele Parallelen zu sich gefunden. Sie fühlt sich dadurch sicher und bestätigt. Nun hat sie Kontakt zu dem Medium aufgenommen und um Hilfe gebeten. Aktuell „arbeitet" das Medium an dem gesamten Problem. Allerdings dauert diese Arbeit drei Monate. Die sind noch nicht herum. OB meiner Mutter damit nun endlich geholfen werden kann oder nicht, steht in den Sternen.
Bisher sind erst zwei Monate vergangen und es scheint sich nicht viel getan zu haben.

Kapitel zwölf

Die eigene Begegnungen mit einem Medium

Im Jahre 2023 war ich mental so fertig mit der Situation meiner Mutter gewesen, dass ich dachte:
„Entweder gehe ich selber in die Psychiatrie oder ich versuche es für mich alleine mit einem Medium!"

Im Internet fand ich in einem Forum eine Dame die schon vielen anderen geholfen hatte. Mit dem Thema habe ich mich sehr genau befasst und dachte mir:
„Wenn ich gar nicht sage worum es geht, wer weiß ob sie seriös arbeitet und alles stimmt?!"

Ich machte mich ein wenig schlau über ihre Arbeit, las Erfahrungsberichte und nahm anschließend Kontakt zu ihr auf. Da ich nichts sehr privates im Internet schreibe und noch einmal genau nachgeschaut hatte, wusste ich, sie wird nichts viel über mich finden. Zudem bestätigte sie mir, dass sie nichts wissen möchte. Absolut nichts. Weder Geburtsdatum noch irgendeine andere Kleinigkeit. Auch sie wollte diese Sitzung am Telefon machen. Ich sollte lediglich eine Kerze anzünden.
Wir vereinbarten eine Tag und eine Uhrzeit wo ich wusste, dass ich alleine daheim sein würde und mich somit niemand stören könnte. Vor dem Telefonat stimmte ich mich gedanklich ein und fuhr mein Innenleben völlig herunter. Als sie anrief erklärte sie mir noch einmal, dass ich auf gar keinen Fall

dazwischen reden dürfe und auch weder „ja" noch „nein" oder sonst irgend etwas sagen sollte. Nichts! Rein gar nichts, außer die spräche mich direkt an!

„*Oha,*" dachte ich. „*Das hört sich ja mal krass ernst an!*"

Und sie legte dann auch schon los.

Es dauerte eine Weile ehe sie zu sprechen begann:

„*Ich sehe eine Mann. Er ist schon älter. Er hat nur sehr wenige Haare und trägt eine Brille. Er ist schlank aber nicht mehr so dünn wie vor seinem Tod. Er deutet mir an, dass er zwei Kinder hat und Enkelkinder. Ich sehe, dass er gerne in einem Garten gearbeitet hat. Ich sehe ihn aus dem Garten kommen. Er zeigt mir auf eine Sammlung die für ihn wichtig war. Es können Briefmarken gewesen sein? Nun zeigt er auf seinen Bauch. Er hat Schmerzen. Und er zeigt mir, dass er Probleme beim Atmen hat. (...) Ich sehe ihn jetzt auf einem Stuhl sitzen, die Beine überschlagen und wie er euch als kleine Kinder beim Spielen zu sieht. Er sagt er war kein typischer Vater der mitgespielt hat. Aber er hat euch voller Stolz dabei zugeschaut. Er zeigt mir, dass es ihm sehr leid tut, dass er seine Zuneigung nicht besser ausdrücken konnte. Aber das hat er nie gelernt und nie selber erfahren. (...) Ich sehe, dass es ihm jetzt gut geht. Er sagt, dass er seine kleine Familie nie ganz verlassen hat und auf uns aufpasst. (...) Einen wichtigen Rat gibt er an seine ältere Tochter (also an mich, Anmerkung Autorin):*
„*Pass auf Dich auf und vertraue nicht den falschen Menschen!*"

Das war jetzt ein kleiner Auszug aus dem was sie mir mitteilte. Ich hatte das ganze Gespräch von ihr als Media – Datei zugeschickt bekommen. Leider habe ich es vor ein paar Monaten unabsichtlich gelöscht. Ich habe sie angeschrieben ob sie noch ein Duplikat hätte. Aber sie selber speichert leider nichts ab. Dennoch kann ich mit guten Gewissen sagen, dass sie all das und noch viel mehr erzählte. Und alles stimmte! Jede noch so kleine Randnotiz die sie erwähnte passte. Es waren Kleinigkeiten die nur zu uns und ihm gehörten. Daher weiß ich, dass dieses Medium seriös war und ist.

Selbstverständlich berichtete ich meiner Schwester und meiner Mutter später davon. Meine Mutter saugte jedes Wort regelrecht auf. Ich weiß nicht mehr wie oft ich ihr von dem Gespräch berichten musste. Ich dachte, dass dies helfen würde, ihre Trauer zu verarbeiten. Aber leider hat es nur bei mir selber gewirkt.

Da ich mich selber schon lange mit diesem Thema auseinander setze, alleine schon durch meine eigenen Erfahrungen, und nun angespornt war durch diese Erfahrungen mit den beiden Mediums, habe ich mich gefreut, als eines Tages meine Schwester mir von einem englischen Medium erzählte. Sie hatte einen Termin mit ihrer Freundin bei besagtem Herrn in Duisburg wahrgenommen. Beide erzählten mir wie sehr alles gestimmt hätte und wie er arbeiten würde. Es hörte sich sehr gut und vor allem auch sehr seriös an. Also begann ich damit, über ihn im Internet zu lesen. Bei diesem Medium handelte es sich um „Paul

Berenton". Er ist bereits seit vielen vielen Jahren als Medium bekannt und bietet neben seinen Lesungen auch die Ausbildung zum Medium aus.

Eines Tages bot sich für mich die Möglichkeit an an einem Seminar bei ihm in Köln teilzunehmen. Dieses Seminar sollte ein Wochenende lang stattfinden, jeweils von neu Uhr bis sechzehn Uhr. An dem anschließenden Montag bot er Interessenten eine Einzellesung an.

Ich meldete daraufhin meine Schwester und mich an.

Das Wochenende kam und ich war innerlich sehr aufgeregt. Die Aufregung legte sich jedoch schon bald da wir nur einen kleine Gruppe von Menschen waren. Recht übersichtlich also.

Wir begannen mit einer Vorstellungsrunde, und mit uns dabei war eine Dolmetscherin da unser Medium kein Deutsch sprach. Zuerst erklärte es den Ablauf des Seminars und die Inhaltsthemen.

Wir alle saßen im Kreis und begannen direkt im Anschluss mit dem Versuch bzw. der Übung, sich so weit innerlich bereit zu machen, dass man offen ist für alles was nun folgen würde. Mit Hilfe von leiser Musik und dem monotonen Sprechen von Paul gelang es fast allen, sich so tief in sich versinken zu lassen, dass sie „aufnahmebereit" und entspannt waren. Bei mir selber funktionierte es nicht. Dazu muss ich aber auch sagen, dass ich ADHS habe und es mir schwer fällt mich so dermaßen fallen zu lassen. Ich empfand es erst sehr schade aber dachte mir sofort im Anschluss:

„Entweder bin ich gar nicht offen für so etwas oder ich muss mir die Zeit geben."

Also ließ ich mir die Zeit und beobachtete mein Gruppenumfeld sehr genau. Danach folgten Übungen wie zum Beispiel, dass wir uns je mit einem anderen Teilnehmer zusammen tun müssten und uns gegenübersetzen sollten. Ich hatte als erstes einen Herren an meiner Seite der bereits sehr viel Übung hatte. Die Aufgabe bestand daraus, dass der eine und danach der andere sich jeweils Zeit nehmen sollte und dann seine Gedanken über die Person gegenüber oder seine Eingebungen demjenigen mitteilen sollte. Dieser Herr begann auf meine Bitte hin damit und es entstand eine unglaubliche Stille in dem Raum. Jeder besann sich auf die Aufgabe und war hochkonzentriert. Mir sagte der Herr nun was er über mich herausgefunden hatte und beschrieb ein paar Einzelheiten.

Die passten auch einigermaßen.

Ich meine mich zu erinnern, dass ein Teil nicht richtig war. Aber das fand ich nicht schlimm. Wir sollten ja schließlich lernen und nicht sofort können. Nun war ich an der Reihe, schloss die Augen und schaltete das Denken für mich auf ein Minimum. Da saß ich nun und saß und nichts tat sich.

Weder ein Gefühl noch ein Bild noch ein Gedanke kamen hoch. Ich bat meinem Gegenüber um Geduld. Er hatte Verständnis und ließ mir meine Zeit. Aber auch nach weiteren Minuten tat sich bei mir einfach gar nichts. Das frustrierte mich sehr. Doch plötzlich kam genau ein Gedanke an mich heran:

„Er hat nur wenige gute Freunde und lebt eher zurückgezogen.“

Aha, und nun?

Ich teilte ihm diesen Gedanken mit und es stimmte sogar. Damit war nun meine Möglichkeit zur Wahrnehmung von etwas auch schon erschöpft.

Am Ende dieser Übung sollte nun jeder berichten was er oder sie erlebt hatte. Danach sollte diese Übung noch dreimal mit jeweils anderen Partner gemacht werden.

Bei der zweiten Runde merkte ich, dass ganz zögerlich Eindrücke an mich heran traten über diese Person. Ich konnte sagen, dass sie in der Nähe von einem Feld oder ähnlichen leben würde. Es sähe eher ländlich aus. Sie stimmt dem zu und sagte, sie lebe in einem Haus am Stadtrand dessen Garten an Feldern grenzen würden.

Bei der dritten Runde und der dritten Person sah ich ein Fahrrad in einem Hauseingang stehen. Und auch hier passte es da die Dame fast nur mit dem Rad unterwegs war.

So ein kleines bisschen Stolz kam da hoch in mir.

Vielleicht kann ich ja wirklich etwas sehen oder spüren, dachte ich mir. Der Tag verlief sehr interessant und wir beendeten ihn erneut mit einer Atemübung und Ent – Spannung.

Daheim war ich so erschöpft als hätte ich zehn Stunden schwer gearbeitet. Völlig übermüdet fiel ich ins Bett.

Der nächste Tag lief dort sehr ähnlich ab nur mit anderen Übungen und Besprechungen. Dieses Mal war ich sofort zu Beginn in der Lage mich fallen zu lassen und zu entspannen. Einmal musste mich mein Sitznachbar „wach" rütteln weil ich nicht mitbekommen hatte, dass die Übung zu Ende war.

Und dann kam der Montag mit unserer Einzellesung. Meine Schwester und ich haben überlegt ob wir auch nur ansatzweise irgendetwas über uns preis gegeben hätten. Aber dem war nicht so. Paul hatte durch eines der Gruppenmitglieder die Möglichkeit erhalten, in ihrer Wohnung ein Zimmer für die Lesung zur Verfügung gestellt bekommen. Meine Schwester und ich saßen nebeneinander auf einem kleinen Sofa und warteten auf Paul. Er betrat das Zimmer, setzte sich uns gegenüber und fing an zu lachen. Dann sagte er, dass unser Vater da sei. Und gelacht habe er deshalb, weil das erste was unser Vater zu ihm sagte war:

„Setz Dich gerade hin!"

Da bekamen meine Schwester und ich eine riesig Gänsehaut.
DAS konnte niemals irgendwer wissen. Denn das war der Standartspruch unseres Vaters zu Hause wenn er mich oder meine Schwester wieder gebückt irgendwo sitzen sah. Und das war etwas was wir nie irgendwem erzählt hatten da es so banal war und einfach nur in den Alltag zu uns gehörte. Das KONNTE Paul gar nicht von irgendwoher wissen. Und das sagten wir ihm auch so. Paul gab weiter an, dass unser Vater hier sei weil er etwas mitteilen wollte. So sagte Paul, dass folgendes an das kleinste Kind in der Familie gerichtet wäre. Ich fragte daraufhin:

„Von der Größe her oder vom Alter her?"

Paul gab an, dass es um das Alter ging. Diese Nachricht ging dann wohl an meine Schwester. Und dann gab Paul folgendes weiter an uns:

„Euer Vater sagt, dass das kleinste Kind im Moment sehr durch die Technik beeinflusst wird. Aber er wisse, dass dies bald in guter Form übergehen wird. Es betrifft einen Jungen. Dann sagt Euer Vater, dass dies nun an die Enkeltochter geht die aktuell gesundheitliche Probleme hat. Auch wenn ihr euch sehr sorgt um sie, die Ärzte werden schon das richtige Maß finden und alles wird gut. "

Fakt war zu dem Zeitpunkt, dass der Sohn meiner Schwester tatsächlich extrem viel mit allen möglichen technischen Dinge beschäftigt war und kaum für anderes zu begeistern war. Und Fakt war auch, dass die Tochter gerade ein Schilddrüsenproblem hatte und medikamentös eingestellt werden sollte. Auf Grund der Hormone und der Pubertät gestaltete sich dies jedoch als große Herausforderung mit ein paar Anstrengungen für ihre Eltern.

Was mich anging sagte Paul, dass er einen Jungen bei uns im Haus sähe. Er hätte keinen besonderen Grund da zu sein außer, dass er sich bei uns sehr wohl fühlen würde und einfach ab und zu schaue wie wir so leben. Und er liefe gerne durch das Haus herum.

Ja, da kommen wir zu einer meiner vorne im Buch berichteten Sichtung des Jungen, der bei uns zur Toilette gegangen war.

Für mich waren alle Aussagen durch Paul richtig und punktgenau. Es gibt keinen Grund daran zu zweifeln. Er benötigte weder einen Namen noch ein Geburtsdatum, Lieblingsfarbe oder sonst eine Information von uns. Er wusste zwar unsere Namen durch das Seminar aber es gibt nichts im Internet über uns speziell zu finden. Und genau DAS ist es was ihn für mich absolut glaubwürdig gemacht hat. Ich weiß, dass sehr viele Menschen gerne Kontakt zu einem Medium aufnehmen würden. Aber ich bin dahin gehend sehr skeptisch und empfehle jeden: Schaut genau hin, lest, sucht euch seriöse Erfahrungsberichte. Setzt euch selber auch mit diesem Thema im Vorfeld auseinander. Es gibt viel zu viele Scharlatane.

Aktuell sehe ich zwei Sendungen im amerikanischen TV. Es handelt sich dabei um eine Serie mit einem weiblichen Medium und die zweite um ein männliches Medium. Beide erscheinen mir als unseriös.Unterstützt wird meine Ansicht über eine Diskussion und Auseinandersetzung mit beiden Mediums auf einer Internet Plattform. Ein Kritiker hat sich die Mühe gemacht und ein Video erstellt woran er merkt, sieht und weiß, dass beide Personen nicht echt sind. So kommt er exakt wie ich zu den selben Gründen.

Das männliche Medium kennt die ganzen Prominenten bei denen er eine Lesung abhält angeblich nicht. Aber über sämtliche Personen finden sich schon fast Abhandlungen über ihr Leben in sämtlichen Medien wir Instagram, TikTok und Facebook. Da kann man sich sehr schnell etwas zusammen suchen.

Und warum bedient er nur bekannte Persönlichkeiten mit seiner angeblichen Gabe?

Das andere Medium arbeitet mit Hilfe von geschickten Fragestellungen und lenkt ihre Lesung in die Richtung in die sie diese haben möchte. Wenn dann natürlich auch noch Einwürfe durch den Gast gemacht werden wie „ja", „nein", Oh mein Gott, dass ist meine Oma / Mutter, Kind, Onkel ...", kann sie mit gezielten Fragen alles manipulieren. Sie nutzt Suggestivfragen und ist sehr clever in ihrer Art, non – verbale Informationen umzusetzen. Sie kann auch, ebenso wie das erste Medium, sehr geschickt darüber hinweg täuschen wenn eine Aussage nicht passt. Psychologisch so geschickt, dass es kaum jemanden auffällt.

Ein seriöses Medium möchte nichts wissen und möchte auch nicht unterbrochen werden. Es gibt wieder was es empfängt und am ENDE schaut man: Was passt ? Was eher nicht.

Paul Berenton ist zum Beispiel so ein Medium das auf Youtube zu sehen ist. Er zeigt auch in Gruppenlesungen sein Können. Er zeigt irgendwann auf eine Person und fängt sofort an zu reden. JEDER Satz beginnt bei ihm mit:

„I KNOW that ...."

Und er sagt direkt was er weiß.

Warum ich überzeugt bin von seinem Können? Weil er einfach spricht und so gut wie gar nicht auf sein Gegenüber eingeht. Er versucht weder eine Interaktion einzugehen noch erwartet er eine Rückmeldung.

Kapitel dreizehn

Wie kann es nun sein, dass meine Mutter glaubt, dass alle ihre Erlebnisse auch der Realität entsprechen? Wo doch das Medium sagt, unser Vater sei im Licht und es gehe ihm gut. Er wäre um uns herum und niemals ganz weg.

Ich habe da mittlerweile meine eigene Theorie.

Ich habe bereits geschrieben was wir alles unternommen haben um ihr zu helfen. Wenn gar nichts mehr hilft, dann muss es andere Gründe für all das geben. Dann kann alles nur durch die vielen Traumata meiner Mutter bedingt sein.

Das Thema, dass mein Vater eine andere Frau im Jenseits habe und ein Kind mit ihr gezeugt haben solle könnte auf der Basis begründet werden, dass ganz zu Beginn ihrer Ehe eine junge Frau aus der Clique meines Vaters versucht hatte,sich in die Beziehung zu drängen. Einmal rief diese Frau weinend bei meine Eltern an und wollte meinen Vater sprechen. Daraufhin fuhr er los um dieser Frau zu helfen.

Er berichtete meiner Mutter danach, dass diese Frau ein Kind erwartet hätte und er ihr geholfen habe. WAS genau damit gemeint war hat er nie erzählt.

Ich vermute, er hatte sie irgendwohin gefahren wo sich jemand um diese Frau kümmern konnte. In welcher Art und Weise auch immer. Obwohl mein Vater es immer verneinte glaubt meine Mutter bis heute, dass es sein Kind gewesen ist und die Frau die Schwangerschaft vorher nicht bemerkt hatte. Meine Mutter hätte meinen

Vater dann nämlich gar nicht erst geheiratet. Niemand von uns weiß etwas genaueres und das quälte meine Mutter sehr lange.

Heute glaubt meine Mutter, dass mein Vater entweder mit dieser Dame – falls sie verstorben sein sollte – im Jenseits zusammen ist und das mit dem Baby von früher. Und falls die Dame noch leben sollte, dann sei es eventuell jemand mit Bezug zu dieser früheren Freundin.

Das hört sich alles sehr skurril an.

Da diese „neue Frau" eifersüchtig ist auf meine Mutter und ein „Dach über ihren Kopf für ihr Kind" benötigt, versucht diese Seele anscheinend, meine Mutter aus dem Haus zu vertreiben. Und mein Vater könne sich nicht dagegen wehren weil er vielleicht zu schwach ist.

Nun leidet meine Mutter auch an Durchblutungsstörungen in den Beinen und hatte vor etwa vierzig Jahren mehrere Venen Operationen. Jetzt im Alter machen Beine fast immer irgendwelche gesundheitlichen Probleme. Es gibt so viele unterschiedliche Erkrankungen. Angefangen mit Arthrosen über Durchblutungsgeschichten bis hin zu Polyneuropathien. Auch hier behauptet sie, dass dieser weibliche Dämon an ihre Füße und Beine gehen würde um von dort Energie abzuzapfen.

Als Beweis bekomme ich dann von Alters her typisch veränderte Füße gezeigt. Ohne besondere Merkmale durch einen Dämon oder wen auch immer. Alles Pathologische weist meine Mutter weit von sich.

Sie sieht zwar ein, dass ihr Körper mit einundneunzig Jahren nicht mehr so funktioniert wie früher aber die dann schwenkt sie sofort wieder um.

Meine Mutter ist als Kind sexuellem Missbrauch ausgeliefert gewesen durch eine Nachbarin. Auch hier sehe ich ganz klar in ihrer heutigen Wahrnehmung ein Aufbrechen dieses kindlichen Traumas. Sie berichtet öfters davon, dass sie durch versuchte sexuelle Manipulation nachts an ihrem Unterleib gequält wird. Jemand versuche mit ihr Geschlechtsverkehr zu haben. Diese Vorstellung ist für meine Mutter so schrecklich, dass sie nur unter Vorkehrungen in der unteren Etage ihres Körpers schlafen geht. Das heißt, dass sie zwei Unterhosen, eine Leggins und darüber ihren Pyjama anzieht. Und zwischen Unterhosen und Leggings versteckt sie eine Knoblauchzehe. Auch trägt sie dicke Socken zum schlafen in denen sie ebenso Knoblauch versteckt.

Um weiter auf die inneren Erkrankungen bei ihr einzugehen: seit vielen Jahren hat meine Mutter eine geschrumpfte Niere die ihr immer mal wieder ein paar Problemchen gemacht hat. Ebenfalls hat meine Mutter mehrere Zysten in ihrer Leber. Vor einem Jahr waren wir wegen Druckschmerzen bei ihrer Internistin. Es wurden Ultraschalle gemacht und es stellte sich heraus, dass die Zysten gewachsen sind und Druck ausüben. Ebenfalls ist meine Mutter vor etwa einem Jahr an Brustkrebs erkrankt und musste sich diese Brust entfernen lassen.

Nun kommt es vor, dass die Narbe schmerzt oder der Stuhlgang verfärbt ist. Ein Zeichen, dass mit der Leber etwas nicht stimmt. Für sie sind es aber alles Zeichen, dass ein Dämon sich an sie gehaftet hat und ihr die Lebensenergie versucht auszusaugen. Durch diese ganze Aufregung und der Schlafmangel in der Nacht hat sie natürlich auch Probleme mit dem Blutdruck bekommen. Dies schlägt ihr natürlich auf das Herz. Und auch hier erkennt sie es nicht als pathologisch an sondern durch Besessenheit.

Wie bereits erwähnt hat meine Mutter dafür gesorgt, dass die Zahnprothesen meines Vaters mit in den Sarg kamen. Denn ohne Zähne geht man nicht von dieser Welt. Das Problem ist nur, dass mein Vater bei der Aufbahrung den Mund offen hatte und niemand von uns ihm die Zähne nachträglich in den Mund legen wollte. Deshalb das Ablegen dieser in Kopfnähe im Sarg.

Mein Vater wurde eingeäschert. Ob die Prothese selber auch mit eingeäschert worden ist oder aussortiert, wissen wir nicht.

Um meiner Mutter den inneren Frieden zu geben behauptete ich, dass die Zähne mit verbrannt wurden und sich in der Urne befinden. Meine Mutter ist dennoch nicht davon zu überzeugen.

Ihrer Meinung nach ist mein Vater bei allen Mahlzeiten neben ihr und erhofft sie etwas vom Essen für sich selber. Meine Mutter ist verzweifelt darüber, dass er – anscheinend – im Jenseits hungern muss da er ohne Zähne nicht essen kann. Und seine „neue Frau und das

Kind", denen ergeht es auch so. Aber auch nur weil sie durch das Essen Energie erhalten, mein Vater dagegen Hunger hat. Da kommt es zu einem großen Dilemma für meine Mutter: Wie soll sie essen und mein Vater auch „füttern" wenn dieser anderen Dämon auch noch von ihr zehren möchte?

Das Endresultat ist also, dass meine Mutter sehr stark abgenommen hat und so gut wie alle Speisen mit Knoblauch zu sich nimmt. Dass darunter auch die Verstoffwechslung leidet und sie des öfteren Durchfälle hat, möchte sie nicht einsehen. Denn DAS ist auch dieser Dämon, der sich in ihren Bauch eingenistet haben soll und sie somit zur Toilette zwingt.

Nun haben wir das Beispiel mit der Stimme die zu meiner Mutter sagte: *„Dein Mann ist schon bei eurer Hochzeit gestorben!"*

Dazu kann ich nur sagen, dass nicht alle in der Familie meines Vaters mit der Heirat einverstanden waren. Beide Brüder meines Vaters nicht und 2 Schwestern auch nicht. Da diese Stimme männlich gewesen sein soll geht meine Mutter davon aus, dass einer der Brüder meines Vaters ihr das so gesagt haben muss. Sie wüsste nicht wer sonst etwas so Böses zu ihr sagen würde.

Da sie immer wieder über den „Energieraub" durch die Dämonen spricht, schiebe ich persönlich es auf ihre innere Verfassung. Ängste, der Druck, das Lebensende kommt näher. Sie möchte noch so viel erledigen und machen. Aber alles kostet Kraft. Das bemerkt sie zwar und sagt auch selber, sie schafft nicht mehr so viel.

Sehr interessant ist, dass ich über das Internet eine junge Frau kennengelernt habe die als Tochter exakt die selben Dinge mit ihrer Mutter erlebt wie ich mit meiner. Wir haben uns per Telefonat länger darüber ausgetauscht und ich bin immer noch sprachlos darüber, wie sehr sich die Geschichten gleichen.

So verstarb auch hier der Ehemann und Vater vor zweieinhalb Jahren und die Mutter erlebt die selben Sachen wie meine Mutter. Ob es Geräusche sind, Gerüche, Aktivitäten – es ist alles gleich wie bei uns. Auch diese Familie hat nun alles an Hilfen versucht. Exakt die selben Aktionen wie bei uns.

Streuen von Salz vor den Türen um das Böse draußen zu halten. Weihwasser versprühen, bestimmte Kristalle an bestimmten Plätzen hinstellen, Briefe an den Verstorben schreiben und dann verbrennen, und und und. Auch dort ist bisher leider noch keine Ruhe reingekommen. Ich hoffe inständig, dass bei einem von uns irgendetwas irgendwann einmal helfen wird. Dann könnte man sich untereinander helfen.

Ich frage mich jeden Tag neu: WAS kann ich noch machen um ihr zu helfen? AN WEN kann ich mich wenden?

Und: Wenn auch ein seriöses Medium nicht helfen kann, ist das Medium dann nicht seriös? Oder sind die Dämone so gewaltig, dass ihnen niemand entkommen kann? Ist ein Mensch, der anscheinend so stark behaftet und belastet ist, so *zu* im Inneren, dass da einfach nichts Spirituelles helfen kann? Weil es keine Wege finden kann zu dieser Person?

Oder ist es tatsächlich so, dass all diese Erlebnisse nur zufällige Wahrnehmungen sind? Wahrnehmungen, die ihren Ursprung in der eigenen Seele haben und aus dem Trauma entsprungen sind? Oder sind diese Erscheinungen und Erlebnisse tatsächlich in Verbindung mit dem Jenseits zu setzen? Was bedeutet der Tod für uns Menschen? Und für Tiere? Und für Pflanzen? Gehen wir für immer ganz weg von unserer Erde? Stirbt unsere Seele auch mit unserem Körper? Wohin gehen unsere letzten Gedanken? Gibt es nicht doch ein Leben nach dem Tod? Was ist mit all den Nahtod – Erlebnissen von denen man lesen und hören kann? Gibt es dieses Licht wirklich oder ist es nur ein letztes Aufflackern unseres Bewusstseins ehe wir ganz ins Schwarze versinken? Die Vorstellung, dass nichts von uns übrig bleibt macht mich traurig. Man lebt nur noch in den Erzählungen der Nachfahren weiter. Der Tod soll das Ende sein.

Kapitel vierzehn

In diesem Kapitel möchte ich ein Interview mit dem Parapsychologen Walter von Lucandou einfügen.
Ich werde es unkommentiert stehen lassen. Jeder Leser darf sich selber ein Urteil bilden. Ich für mich habe mir mein Urteil gebildet. Wichtig ist doch nur, dass man bei seinem Glauben sein und bleiben darf. Ob es nun der

Gott der Kirche ist, ob es die heidnischen Götter sind oder eben auch der Glaube an Seelen aus dem Jenseits.

Stern Zeitschrift vom 31. Oktober 2007

„Im Interview mit stern.de spricht der Parapsychologe Walter von Lucadou über Stimmen im Teekessel und anderem Spuk, der sein Beruf als "Geisterjäger" mit sich bringt.

Herr von Lucadou, wie kann man sich Ihre Arbeit vorstellen?

Als Experten für ungewöhnliche Fälle sind wir Verbraucher beratend tätig. Weil wir das Wort "parapsychologisch" im Titel tragen, wissen Betroffene, dass sie uns wirklich alles erzählen können - und nicht als verrückt abgestempelt werden.

Auf der anderen Seite betreiben wir Forschung: Wir untersuchen, was hinter unüblichen Vorkommnissen steckt. Das ist alles sehr schwierig und teuer. Vom Land Baden-Württemberg werden wir jährlich mit 20.000 Euro unterstützt. Was aber zu wenig ist, weshalb wir auch auf Spenden angewiesen sind.

Gibt es dermaßen viele Geister in Deutschland?

Spukfälle sind viel häufiger als man meinen könnte. Aber das ist nicht so sensationell wie in Filmen, wo Parapsychologen in ein Haus gehen, eine Kamera aufstellen und bizarre Dinge sehen. Oft erzählen

Betroffene einfach nur: Bei mir im Haus lag auf einmal etwas, was vorher nicht dort war. Oder, dass etwas verschwunden ist. **Wir können keine spektakulären Thesen aufstellen, sondern oft höchstens feststellen: So wie es aussieht, haben Sie sich das nicht alles eingebildet.** *Zusammengefasst sind die meisten paranormale Phänomene keine Geschichte mit einem tollen Plot. Sondern irritierende Beobachtungen, die man schlecht einordnen kann - und die den Betroffenen dann entsprechende Bauchschmerzen bereiten. Wir schauen, was dahinter stecken könnte. Ist es ein psychologisches Problem, hat der Betroffene also Halluzinationen? Oder spielen Nachbarn dem Betroffenen einen Schabernack? Sind es vielleicht physikalische Phänomene, die die Leute nicht erklären können? Das kommt alles vor.*

Was wäre eine Geistererscheinung physikalischer Natur?

Ein Mann erzählte mir mal, er höre immer eine leise Stimme, die aus seinem Teekessel käme. Da denkt natürlich jeder: Der spinnt doch. Doch es stimmte - war aber ein rein physikalischer Effekt. Der Mann wohnte in der Nähe eines starken Mittelwellensenders. Jedes Mal, wenn er seinen Teekessel auf die Herdplatte stellte, konnte er Radio hören. Wir haben das ausprobiert. Ein anderer Fall: Eine psychisch kranke Frau erzählte mir, dass in ihrer Wäsche immer fremde Kleidungsstücke seien. Ihr Arzt hat natürlich sofort die Psychopharmaka erhöht. Aber was war? Die Frau hat ihre Kleidung in einer Gemeinschaftswaschmaschine gewaschen. Und der Nachbar hat die Maschine einfach nicht richtig ausgeräumt. Eine ganz simple Erklärung. Es ist also wichtig, die Aussagen der Leute wirklich zu überprüfen. Nicht alles, was ein Psychotiker beobachtet, ist falsch.

Lässt sich alles erklären?

Nein. Es kommt auch vor, dass wir Dinge Betroffenen nur sagen können: Das haben auch andere schon erlebt. Wichtig ist mir aber: Nur weil etwas noch nicht erklärbar ist, muss es etwas "Übersinnliches" sein. Wenn es Geister gäbe - und es würde mir jemand ein hieb- und stichfestes Foto davon bringen -, wäre es nicht irrational zu sagen, dass das eben "Geister" sind. Ein Geist ist ein Modell, und es ist nicht irrational, sich ein Modell zu machen. Es kann aber das falsche Modell sein. Obwohl ich an den jeweiligen Fall aber naturwissenschaftlich und psychologisch herangehe, bin ich keiner der Wissenschaftler, der glaubt, dass es in der Natur nichts mehr gibt, was wir nicht schon verstehen. Ich rechne damit, dass es eben auch Sachen gibt, die wir noch nicht verstehen.

Haben Sie ein Beispiel?

Ich bin ja bei Spukfällen dabei gewesen. Es gab einen Fall, als uns erzählt wurde, dass in einer Wohnung Steine herum fliegen würden. Es war tatsächlich so: Dass Steine teilweise sogar durch die Fenster folgen. Das mussten wir erst einmal zur Kenntnis nehmen.

Da hat halt jemand mit Steinen geworfen, oder?

Nein. Wir haben aber heraus gefunden, worin das Problem bestand. Es gab eine sogenannte Fokus-Person. Das ist die Person, in deren Nähe solche Dinge immer passieren. Wir haben ihr genau auf die Finger geschaut, sie aber nie beim Werfen erwischt. Unser rational-wissenschaftliches Modell sah dann so aus: Dieser Spuk hat die Funktion einer psychosomatischen Reaktion. Wie das im Einzelnen funktioniert, weiß man heute noch nicht.

Das heißt, dass ein Mensch etwas sehr Massives ausstrahlen kann...

... also "können" tut er es nicht. Es passiert halt.

Durch eine Art von Aura werden Dinge in Bewegung gesetzt?

Ich würde es anders beschreiben: So wie der Körper eines Menschen wegen eines psychologischen Problems "spinnen" kann, kann bei einem psychosomatischen Problem die Umgebung spinnen. Das betrifft oft Menschen mit ganz bestimmten Persönlichkeitsstrukturen. Für uns ist das kein übernatürliches, sondern ein natürliches Phänomen. Selbst wenn wir die Mechanismen nicht kennen.

Es gibt viele Menschen, die sagen: Ein Verwandter von mir starb - und die Uhr blieb stehen. Was hat es damit auf sich?

Das sind sogenannte Ankündigungserlebnisse. Solche Erzählungen gibt es häufig, sie sind durchaus glaubwürdig. Die Frage ist aber dennoch, ob es nicht ein Zufall gewesen sein könnte. Betroffenen fällt es halt besonders auf, wenn die Uhr genau um den Tod eines Verwandten herum stehen bleibt. Letzten Endes lässt sich nicht entscheiden, ob es ein Zufall war oder nicht.

Wieviele Betroffene gibt es?

Wir haben pro Jahr etwa 3000 Anfragen, teils sogar aus dem europäischen Ausland. Wir sind ständig überlastet und können viele Einzelfälle gar nicht so intensiv bearbeiten, wie es notwendig wäre. Ein weiteres Problem: Nach Umfragen haben ungefähr zwei Drittel der Bevölkerung schon "ungewöhnliche" Erfahrungen gehabt. Dennoch gibt es keine Lehrbücher der Psychologie, in denen ausführlicher auf diese Problematik eingegangen wird. Das finde ich beinahe bizarrer als die Erlebnisse, mit denen Menschen zu uns kommen.

Mit was für Problemen kommen die Menschen zu Ihnen?

Ein Beispiel: Ein Mensch sieht plötzlich irgendwo ein Familienmitglied - das aber vor kurzem verstorben ist. Das lässt sich psychologisch gut erklären. Es nennt sich projektive Wahrnehmung. Auch wenn man frisch verliebt ist, kann es ja vorkommen, dass man plötzlich die Geliebte auf der Straße sieht. Dann schaut man nochmal genauer hin und merkt, dass man sich getäuscht hat. Man projeziert etwas. Unsere Wahrnehmung ist also von unserer Vorstellung nicht unabhängig. Wenn jemand stirbt, der ständig um einen herum war - die Geliebte, der Ehemann, die Eltern -, hat man dieses Bild auch noch weiter im Kopf. Läuft dann in der Straßenbahn ein Mensch vorbei, der dem Verstorbenen auch nur im Entferntesten ähnelt, glaubt man, diesen zu sehen.

Man sieht also Gespenster, wo keine sind.
Richtig. Wir haben aber auch Menschen, die sagen: Bei mir im Haus passieren ungewöhnliche Dinge, da spukt es.

Spukschlösser in Großbritannien?
Die Engländer haben - zum Glück - ein Faible für skurrile Sachen. Das finde ich gar nicht schlecht. Es ist ein Zeichen von Toleranz. Bei uns dagegen besteht die Tendenz, lieber nicht darüber zu sprechen - aus Angst, für verrückt erklärt zu werden.

Sie wirken wie das genaue Gegenteil von Parapsychologen, wie sie in Hollywood-Filmen vorkommen. Würden Sie zustimmen?
Ein Parapsychologe sollte kein Spinner sein, der selbst an Gespenster glaubt. Das sind Zerrbilder, Klischees,

die bedient werden. Ein Parapsychologe sollte ein nüchterner Wissenschaftler sein, der menschliche Berichte ernst nimmt. Und nicht auf Grund von scientistischen Vorurteilen - das ist nämlich auch eine Weltanschauung - Dinge ablehnt, nur weil er sie nicht versteht. Die Grundvoraussetzung bei jedem Wissenschaftler ist, dass er akzeptiert, das er sich auch irren kann. Von daher sind besonders amerikanische Filme extrem unrealistisch, weil sie mit dem, was bei einem Spukfall passiert, so gut wie gar nichts zu tun haben. Filme wie "Zimmer 1408" oder "Poltergeist" sind gruselig und spannend gemacht, aber reine Phantasie. Auch die spiritistischen Elemente in solchen Filmen sind Blödsinn. Es gibt einen alten Spukfilm namens "The Haunting" vom Regisseur Robert Wise - mit dem schrecklichen deutschen Titel "Bis das Blut gefriert". Der ist gut gemacht, da finden die Vorkommnisse eher zwischen den Zeilen statt. Aber das Remake "Das Geisterschloss" ist total schlecht.

Zur seiner Person:

Walter von Lucadou, Physiker und Psychologe, nennt sich "Spezialist für außergewöhnliche menschliche Erfahrungen". Seit 18 Jahren leitet von Lucadou die parapsychologische Beratungsstelle in Freiburg, die einzige Einrichtung dieser Art in Deutschland. Gemeinsam mit einer Kollegin berät er Menschen, die paranormale oder paranormal scheinende Erfahrungen haben - und Kartenleger und Hellseher.

Nachwort:

Woran ich selber glaube ist, dass es Dinge zwischen Himmel und Erde gibt die wir uns nicht erklären können. Die Annahme und der Glaube, dass es Geister, Spuk, verstorbene Seelen, das Jenseits gibt begleitet die Menschheit seit Anbeginn unserer Existenz. Selbst in der Bibel werden sie erwähnt.

In diesem Buch habe ich unsere Erfahrungen aufgeschrieben und überlasse es dem Leser selber zu entscheiden was er davon halten mag. Ich für mich glaube, dass gerade bei den Erlebnissen meiner Mutter sehr viel ihrer Traumata mit hineinspielen. Nur ist es sehr schwer von außen zu erkennen wann es Trauma bedingt ist und wann eher nicht. Scheinbar fließen die Wahrnehmungen ständig ineinander über. Wäre sie dement könnte man dies eventuell als Halluzinationen durch die Demenz einordnen. Aber es gibt absolut keinen Grund an eine solche Diagnose zu denken. Sie ist in ihrem Kopf klarer als so manch jüngerer Mensch. Wäre sie hingegen psychotisch oder schizophren, wäre sie nicht in der Lage neben all den Erlebnissen noch ihren Alltag zu bestreiten. Sie wäre phasenweise gar nicht im hier und jetzt. Auch dies kommt niemals vor. Für uns ist es mittlerweile zum Alltag geworden, dass es nun zu unserer Mutter gehört. Natürlich strengt es uns an und es belastet uns auch sehr. Besonders wenn sie wieder völlig verzweifelt anruft und weint.

Wir können ihr leider nicht helfen. Unsere letzte Hoffnung liegt aktuell bei der polnischen Psychiaterin und Parapsychologin mit der meine Mutter nun Kontakt aufgenommen hat. Die „Arbeit" mit ihr und ihrem Team dauert insgesamt drei Monate und soll zum Ende des Jahres durchgestanden sein. Ich hoffe sehr für meine Mutter, dass diese drei Monate nicht umsonst gewesen sein mögen.

Wie arbeitet diese Frau die zugleich auch ein Medium ist? Nun, sie hat von uns eine Auflistung darüber erhalten was passiert ist und noch im Haus geschieht. Was haben wir unternommen und was eventuell noch nicht. Welche Erkrankungen hatte meine Mutter im Laufe ihres bisherigen Lebens und was ängstigt sie besonders?Mit diesen Notizen „arbeitet" das Medium nun von Polen aus.

Ob dies seriös ist kann ich – noch – nicht beantworten. Aber wie heißt das Sprichwort noch gleich?

„In der Not frisst der Teufel Fliegen".

Franziska S.A.